"通古察今"系列丛书

中国历史教学改革过程中的思考与探索

马卫东 著

河南人民出版社

图书在版编目(CIP)数据

中国历史教学改革过程中的思考与探索 / 马卫东著. —郑州：河南人民出版社，2019.12(2025.4重印)
("通古察今"系列丛书)
ISBN 978-7-215-12155-3

Ⅰ．①中… Ⅱ．①马… Ⅲ．①历史课-教学研究-中小学 Ⅳ．①G633.512

中国版本图书馆CIP数据核字(2019)第282130号

河南人民出版社 出版发行

(地址：郑州市郑东新区祥盛街27号 邮政编码：450016 电话：0371-65788077)
新华书店经销　　环球东方(北京)印务有限公司印刷
开本　787mm×1092mm　　1/32　　印张　6
字数　86千
2019年12月第1版　　　　　　　2025年4月第2次印刷

定价：52.00元

"通古察今"系列丛书编辑委员会

顾　问　刘家和　瞿林东　郑师渠　晁福林
主　任　杨共乐
副主任　李　帆
委　员　（按姓氏拼音排序）
　　　　安　然　陈　涛　董立河　杜水生　郭家宏
　　　　侯树栋　黄国辉　姜海军　李　渊　刘林海
　　　　罗新慧　毛瑞方　宁　欣　庞冠群　吴　琼
　　　　张　皓　张建华　张　升　张　越　赵　贞
　　　　郑　林　周文玖

序 言

在北京师范大学的百余年发展历程中，历史学科始终占有重要地位。经过几代人的不懈努力，今天的北京师范大学历史学院业已成为史学研究的重要基地，是国家首批博士学位一级学科授予权单位，拥有国家重点学科、博士后流动站、教育部人文社会科学重点研究基地等一系列学术平台，综合实力居全国高校历史学科前列。目前被列入国家一流大学一流学科建设行列，正在向世界一流学科迈进。在教学方面，历史学院的课程改革、教材编纂、教书育人，都取得了显著的成绩，曾荣获国家教学改革成果一等奖。在科学研究方面，同样取得了令人瞩目的成就，在出版了由白寿彝教授任总主编、被学术界誉为"20世纪中国史学的压轴之作"的多卷本《中国通史》后，一批底蕴深厚、质量高超的学术论著相继问世，如八卷本《中国文化发展史》、二十卷本"中国古代社会和政治研究丛书"、三卷本《清代理学史》、五卷本《历史文化认同与中国统一多民族国家》、二十三卷本《陈垣全集》，以及《历史视野下的中华民族精神》《中西古代历史、史学与理论比较研究》《上博简〈诗论〉研究》等,这些著作皆声誉卓著,在学界产生较大影响,得到同行普遍好评。

除上述著作外,历史学院的教师们潜心学术,以探索精神攻关,又陆续取得了众多具有原创性的成果,在历史学各分支学科的研究上连创佳绩,始终处在学科前沿。为了集中展示历史学院的这些探索性成果,我们组织编写了这套"通古察今"系列丛书。丛书所收著作多以问题为导向,集中解决古今中外历史上值得关注的重要学术问题,篇幅虽小,然问题意识明显,学术视野尤为开阔。希冀它的出版,在促进北京师范大学历史学科更好发展的同时,为学术界乃至全社会贡献一批真正立得住的学术佳作。

当然,作为探索性的系列丛书,不成熟乃至疏漏之处在所难免,还望学界同人不吝赐教。

北京师范大学历史学院
北京师范大学史学理论与史学史研究中心
北京师范大学"通古察今"系列丛书编辑委员会
2019 年 1 月

目 录

前　言 \ 1

历史课程：帮助学生连接过去、现在与未来的桥梁 \ 6

试析历史教学改革理论与实践的一个误区 \ 23
　　——兼论历史基础知识教学与能力培养的关系

谈谈对当前中学历史教学改革中几个热点问题的认识 \ 37

谈谈中学历史课改变学生学习被动状况应注意的几个问题 \ 52

关于目前中学历史教学中培养学生能力的几个问题的思考 \ 66

试论中学历史教学培养学生创新的意识和创新思维习惯的几个问题 \ 77

关于加强二战史教学的历史感和时代感 \ 90

试论基础教育改革过程中历史教学方式的变革 \ 103

历史意识的形成与现代历史课程的建构 \ 113
　　——兼论历史课堂教学的改革

"影像历史和史学"与历史教育 \ 136
　　——"影像历史与史学"跨学科应用的案例研究

《普通高中历史课程标准》专题研修：高中历史教学方式的转变 \ 155

前言

当下，中国基础教育课程改革在曲折中，艰难行进，如果精确计算的话，这一轮基础教育课程改革始于40多年前，当时，伴随着国家的改革开放，教育在逐渐步入正轨的同时拉开了改革的序幕。

20世纪70年代末，首先触动人们感官的教育话题是"教育是什么"。在讨论中，虽然没有哪种观点得到公认，但其意义重大：一是开拓了人们的教育视野，二是引导人们从学术的层面思考教育的基础问题。其次人们集中关注的是学科教学中知识与能力的关系。在历史教学领域的讨论中，人们对"历史知识和历史能力哪一个重要""历史知识和历史能力之间是什么关系""教学中怎样处理好二者之间的关系"发表了不同看法。虽然也没有形成一致公认的结论，但推动了人们对合理建构教学目标体系进行有益的探索。

20世纪90年代初，随着《中华人民共和国义务教育法》的颁布（1986年），教育前行的步伐也在加快。国家首次实行教科书审定制，1993年秋季，推出了义务教育阶段"一纲多本"教科书。随着义务教育的实施，人们围绕着应试教育和素质教育的问题，展开了涉及基础教育性质和属性的讨论。在历史教学领域，人们除了继续关注知识与能力的问题，围绕历史科目高考话题，展开了对应试教育和素质教育的探讨。但是，由于所涉问题复杂，并受到教育语境的制约，讨论仅仅从这一问题的表象展开，很难从学术的层面对相关问题展开深入研究和探索，因而也就很难得出符合逻辑的结论，取得像样的成果。

进入21世纪，中国开启了新一轮基础教育课程改革。这是半个世纪以来，中国第一次以课程为核心进行基础教育体系的重组。由于此次改革的力度和深度比以往都更大、更深，遇到的困难和困惑自然也多且复杂了许多，梳理起来的话，大致有以下几个方面：

一是教育观念的更新。当我们始终沉浸在"万般皆下品，唯有读书高"的认识之中，抱着"望子成龙"

的焦虑心态，在"不要输在起跑线上"的语境中苦寻教育出路的时候，"教育是目的，不是手段""教育的目的是塑造人格、实现人的全面成长"的现代教育观念很难树立。在这样的教育背景和教育平台上，人们主要是从分数的角度对待历史教育。因而，历史教育的价值很难体现，科学的历史教育观也无从谈起，科学的历史教育理论亦很难有生成的土壤。

二是中国特色的现代教育理论建构。自近代以来，中国教育始终在西方教育理论体系中寻求发展，以致我们的教育理论发展出现断裂，在古代教育理论之后，现代教育理论在中国始终没有形成体系和流派，在教育实践中，人们只好采取"拿来主义"。在历史教育领域，40年来出版的各种关于历史教学法、历史教育学的书籍，内容大都是一般教育理论加上历史教学案例，很少有自成学科理论体系的相关著作问世。因而对"什么是历史认知""历史认知有什么特点""它与数学认知、科学认知、语文认知有怎样的异同"等等，这样一些涉及科学解释历史学习必不可少的基础性问题，缺乏必要的探索和研究。

三是如何构建成熟的现代课程体系，引导教学的进步。课程建设在当前的中国教育改革中,是一个相当薄弱的环节。这是因为从20世纪中期以来,我们打造的是一个以教学为核心的教育体系,在本轮教育改革中,我们才开始尝试建构以课程为核心的教育体系。因此,在教育前行中会遇到许多有待深入研究和化解问题。历史课程是基础教育中的核心课程之一,在当前的课程改革中,历史课程建设至少需要实现两点突破:第一,深入了解和研究作为学生认识对象内容的历史特点,编订出真正能够引领学生历史认知的历史课程;第二,破除"教教科书、学教科书、考教科书"的以教科书为中心的课程思维模式,以便在更宽阔的课程平台上展开历史教学。

四是建构完整的基础教育测量评价体系。以高考作为基础教育的实际评价目标,这是中国教育多年以来被实践证明的一个症结,化解这个症结,需要解决许多不同层面的问题。但是,建构科学、合理的现代教育测量评价体系,是解决这些问题的落脚点。没有一个科学、完整的测量评价体系,真正的教育现代化只能是可望而不可即的。

当代历史教育要取得实质性进步,不仅需要实践,更需要深入展开寓于实践中的教育研究。祝愿我们的历史教育研究苑中百花争艳,绚丽多彩。

马卫东

2019年4月

历史课程：帮助学生连接过去、现在与未来的桥梁

在当前的历史教育改革中，恐怕各国的历史教育工作者都遇到过一个多少会令人烦恼而又无奈的问题：许多学生对课堂上的历史学习并不感兴趣，有一些学生宁愿到以历史为题材的影视文艺中去获取"历史知识"，也不愿意在课堂上没完没了地接受对他们来说非常枯燥的"历史"。笔者指导的一位历史课程与教学论方向的硕士生，在撰写毕业论文过程中，曾在北京数所中学的900名高中学生中，就"你是否喜欢历史课"这个问题做过抽样调查，结果96%的学生的答案是：我喜欢历史，但不喜欢历史课。在"历史教学概论"课程的讲授过程中，笔者也曾与听课的亚洲、欧洲一些国家的留学生，就此问题交换过看法，不少

留学生认为,这种状况在他们各自国家的历史教学中也不同程度地存在着。与此同时,各国的学者和历史教师的看法也证实了上述问题的存在。

美国的一位历史学家 William Cronon[1]认为:"美国学校中的历史教学所面临的问题比围绕《标准》(美国《全国历史课程标准》——笔者注)展开的争论通常承认的更深刻,也更简单。归结起来就是:对多数美国儿童,甚至许多成年人来说,过去不是活生生的现实。那些历史题(比较威士忌叛乱与北卡罗来纳改革者起义、帕克斯顿青年暴动和谢斯起义的原因。在各州拒绝执行联邦法令的危机中,杰克逊和卡尔霍恩谁的思想更符合杰克逊和麦迪逊的原则?怎样从……建筑布局和室内布置的图片看维多利亚时代的生活方式、阶级差别和性别分工?——笔者注)是以一个很可疑的假设为前提的,即学生真的关心'威士忌叛乱'或商务条款,或维多利亚时代的客厅布局和设计……而大多数学生实际上并不关心。"[2]日本的一位历史教师在与学生的接触中有这样的体会:"在学生的意识中

---

[1] 威斯康星大学麦迪逊分校的弗雷德里克·杰克逊·特纳教授。
[2] 《美国历史教学》,《交流》1998年第3期。

的'历史课是学习过去的事',也就是说,'历史'是学习过去,和现在没有关系,也不会对将来的生活有所帮助。历史课成为记住古代事业的学科。学生们学习各个时代的历史之后仅仅是认为'没有生活在那个时代真幸运呀!''生活在现在的和平时代太幸运了!'等等,有与自己的现实生活割裂开来的感觉。"[1] 在中国大陆,长期以来由于历史教学内容过分专业化、成人化倾向的存在,以及教学过程中过分强调书本"历史知识"的传授,以致相当多的学生认为历史学习就是背书、做题,因而缺乏对历史课程学习的兴趣,历史教学也就没有了什么实际的作用。

怎样扭转这种对历史教学来说如此尴尬的局面呢?首先我们必须充分了解为什么会出现这样的情况,其次才是寻找改变这种局面的有效对策。

笔者认为,对历史课程的功能缺乏应有的全面认识,是造成出现上述尴尬局面的重要原因。现实当中,人们在谈论历史课程的作用时,往往容易从

---

[1] 二谷贞夫:《儿童、学生的历史认识和历史学习》,见《历史教学研究的新探索》(论文集),人民教育出版社,1986年版。

一种片面的、功利的角度出发,即从历史课程对现实生活特别是对人们的现实需求有什么直接作用的角度出发,而忽视了历史课程的一个根本作用:通过学习历史,可以在了解过去的基础上,更好地认识现实;历史是帮助学生连接过去与现在、未来的桥梁。如果离开了历史课程的这个重要功能,来谈论历史课程的作用,如同建造空中楼阁。具体来说,在这方面存在的问题,主要有以下三个方面的表现:

第一,在制定历史课程目标时,片面重视历史教育的政治功能,而忽略历史教育的其他功能。

历史教育具有一定的政治功能,这是毋庸置疑的。问题是除了政治功能以外,历史教育还具有其他多方面的功能。如智育功能、道德教育功能、提高学生人文素养功能,等等。如果我们在历史教学中,传递给学生的"历史知识",只是着眼于政治的需要,那么这种所谓的"历史知识"先天就存在着重大缺陷,并带有极大的片面性,这样的历史知识往往带有浓重的说教味道,而缺乏应有的趣味性,靠这样的"历史知识"不仅不能够给学生传递正确的历史信息，同时也不能够使学生喜欢，因而也就不能真正发挥其应有的效用。这种情况在各国可能都不同程度地存在着。

在中国大陆，有很长一段时间，历史教学过分强调政治教育，其内容体系大都过于突出政治史的内容，在教学中，学生理解起来很困难，因而也就缺乏对这样内容的学习兴趣。在新的《义务教育历史课程标准》编订、实验过程中，这样的问题仍然不时出现。例如，对1900年中国发生的"义和团运动"是否列入课程内容要点问题，就出现了不同意见。有的学者认为，义和团运动是当时中国落后的一种表现，进入义务教育历史课程不利于对学生的教育；有的学者则认为，当时条件下，义和团运动是爱国运动，进入义务教育历史课程有利于对学生的教育。这两种认识都自觉或不自觉地在其取舍上，主要运用了政治的标准，而忽略了义和团运动在1900年前后，对中国的历史发展进程究竟产生了怎样的影响，这样一个可能是更为重要的、从历史发展本身来进行内容取舍的标准。在美国，《全国历史课程标准》公布后，一度围绕其展开了激烈的论争，而且"《标准》很快就为意识形态对立面提供了相互攻击的机会"[1]。在有的国家,则出于或主要出于政治的需要,在历史教学中至今还不能对曾经给许多国家和民族带来巨大灾难的一段历史进行反省,等等。

在历史课程目标中,如何全面体现和综合发挥历史教育的各项功能,是我们人类今天的历史教育向前发展所需要解决的课题之一。

第二,在历史课程的实施过程中,忽视了历史本身的特点和学生的历史认知发展特点及水平,使教学流于一般化。

与其他学科课程相比,历史课程带有明显的自身特点。如,人类的历史具有"一度性",其中绝大部分历史都远离现实,对生活在现实中的人们特别是儿童来说,历史是非常陌生的。但是,在以往的历史教学中,人们往往忽视了这一点,而是采用了先入为主的方式,把"史学家的历史"强行变成"学生的历史",这样一来,不仅历史本身的特点被埋没了,同时学生的历史认知发展特点和水平也被忽略了。美国学者

---

[1] 《美国历史教学》,《交流》1998年第3期。

William Cronon 曾谈到这一点:"就《全国历史教学标准》而言,最有意思的倒不是它的意识形态色彩,不管它可能如何左倾或右倾。更引人注目的是它把美国学生对历史的了解水平估计得非常乐观——我们甚至想说是多么的乌托邦。根据《标准》,十二年级的学生应能回答这样一些问题:'比较威士忌叛乱(1794年7月——11月13日宾夕法尼亚西部农民因反对联邦政府对酒和酿酒场征收国产税而进行的斗争。——译注)与北卡罗来纳改革者协会(美国独立前,北卡罗来纳殖民地人民的自卫组织。——译注)''帕克斯顿青年暴动(1963年12月宾夕法尼亚帕克斯顿的白人居民对印地安人居住地的袭击。——译注)和谢斯起义(美国马萨诸塞州西部反抗重税和经济压迫的起义1786年—1787年2月。——译注)的造反原因。''在各州拒绝执行联邦法令的危机中,杰克逊和卡尔霍恩谁的思想更符合杰克逊和麦迪逊的原则?''怎样从……建筑布局和室内布置的图片看维多利亚时代的生活方式、阶级差别和性别分工?''在1946年的亚特兰大之心公司诉合众国一案中,最高法院如何运用美国宪法的商务条款扩大《民权法》的范围?'等等。无论带何种意识形态色彩，人们都会承认这些问题是有趣而重要的……但是,果真有人认为一个十二年级学生（哪怕是一所好中学的学生）的历史知识水平有那么高,能看得懂这些题目？我认识的不少历史系研究生碰到这种题目都是会发抖的。"[1]同时，在历史教学中，我们经常见到的是流于一般化的教学模式，即没有了自身特点的教学，而真正意义上的历史教学始终没有能够形成。如，比较"传统"一些的教学模式，是所谓封闭式的，即通过教师讲学生听的程序进行，在这样的教学中，学生究竟对哪些历史感兴趣，始终得不到应有的重视；而比较"现代"一些的教学模式，是所谓开放式的，即通过学生各种活动的程序进行，在这样的教学中，表面上重视学生，但是实际上学生对历史的兴趣仍然不能够得到足够的重视。这种情况导致的后果是极其严重的，正像日本的一位历史教师所记录下来的一些学生对历史课的反应那样:"历史是多么讨厌呀！乱七八糟一大堆，真难记""社会课尽教一些就是自习也能学会的东西""为什么非要记住这些东

---

[1]《美国历史教学》,《交流》1998年第3期。

西呀？管什么用呀！"[1]从来源于各方面的数据表明，在包括中国大陆在内的许多国家的历史教学中，至今普遍程度不同地存在上述问题。

第三，在历史教学中，教学手段与方法的运用过于程序化，缺乏足够的针对性。

历史内容和学生认知历史的特点，是决定历史课堂上使用何种方法教授和学习历史的关键因素。但是，非常遗憾的是在今天许多国家的历史教学中，方法的使用却是历史教育者主观意识的产物。在那些"开放的教学"中，历史课堂是学生阐述各自观点、进行辩论的场所；而在那些"封闭的教学"中，历史课堂则是教师灌输说教的舞台。在这里，无论是在开放式的教学中还是在封闭式的教学中，其手段和方法的运用都自觉或不自觉地出现了程序化的趋势。选择手段和方法的依据，要么是各种活动的需求，要么是灌输说教的需要，而忽略了一个对历史教学来说，至关重要的前提，即学生所要学习的历史内容大都已经无法再现或重演，学生不能通过任何直

---

[1] 二谷贞夫：《儿童、学生的历史认识和历史学习》，见《历史教学研究的新探索》（论文集），人民教育出版社，1986年版。

接观察的方法进行历史学习。因此,单纯的活动式的历史学习和单纯的灌输式的历史学习,可能都无助于学生历史学习兴趣的形成与发展。这样一来,我们就不能不从需要改变传统的历史教学意识的角度进行思考,即在无法运用直接观察方法的历史教学中,各种活动的方法必须与适度的灌输方法有机地融合在一起,构成真正意义上的"历史教学方法"。在很多情况下,在历史教学中,只有教师对历史的描述、材料的补充和思维的示范,没有学生必要的活动,真正意义上的学生自主的历史学习是不能够实现的;反之,学生在历史教学中,脱离了教师对历史事件、历史人物、历史现象所给予的必要的语言描述、材料的补充和思维的示范,去进行所谓的活动,往往使活动流于形式,真正意义上的学生自主的历史学习仍然不能实现。

综上所述,要使历史课程摆脱当前所面临的困境,需要解决的一个核心问题是如何充分发挥出历史课程帮助学生连接过去、现在与未来的功能。对于这个问题,其实各国的历史教育工作者都在进行有益的探索,并取得了成果。在这方面,美国的 William Cronon 教授认为,在历史教学中,首先要让学生真正地关心历史。至于怎样实现这一点,他具体说道:"若要使他们关心,就必须让他们先同历史有过某种印象深刻的接触,致使死亡的过去复活。好的历史就是这样,它是一种极富创造性、颇具竞争性的复兴和再现,能使接触它的人感到某个他们无法亲身经历、直接体验的时间和地点是无限迷人和极其重要的。"他正确地断言:"不了解以往的问题,缺少这最基本的一课,即使是最雄心勃勃的'标准'(不管是什么政治倾向)也会在厌烦和冷漠的岩石上搁浅。"[1]前面提到过的那位日本历史教师也有类似的感受和看法:"所谓讲课,不是把自己想要讲的记在笔记本上,而是要让学生感动。……我想教的,学生并不就这样全盘接受,很多是完全从另一角度来注意的。因此,如果不和学生的认识方法结合,我的历史教育对于学生来说只是过门而不入,不能对学生起到任何作用。……我的讲课重点放在启发学生的思维,从学生方面考虑历史问题。"[2]要充分

---

[1] 《美国历史教学》,《交流》1998年第3期。
[2] 二谷贞夫:《儿童、学生的历史认识和历史学习》,《历史教学研究的新探索》(论文集),人民教育出版社,1986年版。

发挥历史课程帮助学生连接过去、现在与将来的功能，我们必须改变传统的一些认识和做法。

第一，在制定历史课程目标时，要摆脱"片面功利教育"的不良影响，全面体现历史教育的各项功能。

如前所述，在传统的历史课程中，过分注重其政治功能，是普遍存在的一个问题。我们必须充分认识到，从长远的发展来看，这样一种状况的存在，无论在哪些方面，都可能是十分有害的，因为它将进一步导致历史课程其他方面功能的丧失，而使历史课蜕变成政治课的附庸。这样一来，原本是丰富多彩、活生生的历史内容，变成了单纯为某种意识形态服务的说教材料，逐渐远离学生的实际需要，因而也就不会得到学生的青睐。

全面发挥历史课程的功能，首先有赖于坚持这样的信念：历史是人类全部发展的集中反映，而不仅仅是人类政治关系或某一部分发展的记录。只有全面地了解了其内容，才能真正发挥出它在儿童成长过程中所应该发挥的作用。其次有赖于建构完整的历史课程功能体系，历史课程功能是由多方面组成的，各项功能之间有着密切的联系,而不是各自孤立存在的,我们必须不带任何偏见地、深刻了解和揭示历史课程功能之间的联系。我们应当明白,建立一个科学的历史课程功能体系,有助于帮助学生真正认识什么是历史,认识真正的历史与现实和未来有着何种关系。第三,历史课程功能的发挥要与学生的实际状况相吻合,要做到这一点,必须在课程目标的设计中,充分考虑学生的认知发展特点。否则,再好的课程目标也会因为学生的抵触而无法实现,从而使历史课程功能的发挥落空。

第二,在课程实施过程中,根据学生历史认知发展的需要,设计能够突出历史特点的教学模式。

学生的历史学习确实与许多学科课程的学习不同,他们在学习中无论怎样做也无法直接面对历史学习的具体现象。学生要么靠教师的传授进行学习——结果往往是教师的意志主导学生的意志,学生成为被动的历史学习者;要么靠自己的活动进行学习——结果往往由于学生认知发展的局限而曲解历史。在教学中,教师的传授和学生的活动各有优点和局限,但是由于实践中这两者之间很难达成和谐的统一,因而在历史教学中,学生的自主学习始终不能真正实现。

在历史课程的实施过程中,应该形成带有自身特点的教学模式,这种教学模式应该是教师传授与学生活动的"完美"结合(是二者的"结合"而不是二者的"相加")。就这一点而言,历史课程的教学与其他学科课程的教学是有着明显的差别的,在大多数学科课程的教学中,学生可以面对学习的具体现象进行直接观察和接触,这种对事物的直接观察和接触,对儿童的学习来说是极为关键的一环,而历史课程的教学则不能。在历史教学中,教师不应该在放任自流态度的趋势下,任其从事所谓的"活动",因为在很多情况下,这种"活动"带有极大的盲目性。但是,这又不等于说,过分体现教师意志的"传授"成为合理,因为在不能真正体现学生意志的教学中,教师的传授同样变成了没有意义的东西。为了使历史课程真正成为教育的一个有机体,我们有必要在新的教育发展趋势下,从更高的角度重新审视教师的传授和学生的活动,对二者做出恰如其分的定位,并找寻其内在的客观联系,以便在历史课程的教学中,充分发挥其作用,以使学生在历史课堂上,能够实现认知的发展,从而使历史课程真正得到学生的认同。

第三,在历史教学中,建构适合学生学习与发展需要的"历史教学方法"体系。

由历史课程内容的"一度性"特点所决定,在历史教学中,所使用的教学方法与其他课程教学的方法亦有很大不同。例如,在自然科学课程的教学中,可以充分使用实验的方法;在人文社会学科的教学中,可以使用观察的方法;通过实验和观察的方法,可以模拟和再现学习的内容,而历史教学却不能。一个历史教育工作者,必须认识到这一现实所产生的严重性:学生在大多数情况下,是在另一个远离历史的现实情境中,进行对他们来说是非常陌生的历史的学习,因而,在其他课程教学中经常使用的一些方法,以及使用这些方法的一般程序,在历史教学中,可能难以发挥出好的效用。因此,为了使历史课程更好地适应学生学习的需要,我们须要付出更多的努力,建构更科学、合理的"历史教学方法"体系。

在建构"历史教学方法"体系时,有必要形成这样的一些认识：历史教学方法是为了实现历史课程目标的要求，即使历史课程的各项功能充分发挥出来服务的，而不是为使用方法本身服务的，因此，在历史课堂上，不能脱离了目标的要求，去刻意追求方法运用的"完美"。在历史教学中，依据不同的内容，去达到有限的目标，方法的使用往往是不"完美"的；根据历史内容的特点和学生的历史认知发展的需求，历史教学方法的选择和使用，始终需要充满灵活性，并充分体现直观性，脱离了灵活性和直观性的教学方法，对历史教学来说只能是一些毫无生气的程序操作而已；在历史教学中，教学方法的选择和运用应当充分体现人性化，即鼓励学生根据自己的特点，积极探索适合自身的学习方法，而不能将某种方法强加给学生，在这点上，恐怕无论是开放式的历史教学，还是封闭式的历史教学都应予以关注。

在人类进入 21 世纪以后，历史教育的发展将面临着更大的机遇和挑战。历史课程的改革，是保证历史教育抓住机遇、迎接挑战的重要环节之一。通过历史课程的变革我们要达到什么目标？具体来说，就是通过历史教学要使我们的学生形成怎样的历史意识呢?美国学者 William Cronon 的一段表述恰能回答这个问题:"最重要的是,他们应该了解过去是一个充满活力,充满机会的地方,即使一生漫游其中,也挖掘不尽它蕴藏的故事和意义。他们应该了解,过去的、现在似乎已经消逝的世界仍然经常在我们周围出现。如果我们忘记了这些幽灵给我们提供的许多充满矛盾的经验和教训,我们就无法理解自己。"[1]

(原载《新世纪的历史教育》香港教育图书公司2006年版)

---

[1]《美国历史教学》,《交流》1998年第3期。

试析历史教学改革理论与实践的一个误区

——兼论历史基础知识教学与能力培养的关系

改革开放20年来，随着我国基础教育改革的全面展开，中学历史教学的改革也不断深入，成绩斐然。但是，问题亦不少。我们应该看到，这些问题的存在，特别是历史教学中一些带有原则性的基本问题长期得不到解决，势必会越来越严重地影响历史教育、教学改革的进行，甚至还可能将改革引入歧途。历史基础知识的教学与能力培养的关系问题，就是其中之一。笔者认为，在二者的关系中，至今仍存在一些被人们忽略而又十分重要的问题，值得深入研究。对此，笔者提出几点意见来，以期引起人们的关注。

中国历史教学改革过程中的思考与探索

自20世纪80年代以来,在中学历史教学中,关于基础知识教学与能力培养的关系,一直是人们讨论的一个热点话题。通过讨论,不少人认为,认识已经清楚,问题基本解决。在许多人的头脑中似乎已形成了这样一种定论:长期以来,中学历史教学过于注重"知识"的传授,忽视"能力"的培养,因此,历史教学改革的一项重要内容,就是要从过去的重视"知识"的传授,转到重视"能力"培养上来。对这样一种观点的认可,甚至体现在某些地区的教育机构、教研部门指导历史教学的文件中,这种观点影响甚大。这样的论点是否成立?换句话说,我们的历史教学改革能否建立在上述见解的基础上?这将在很大程度上关系到当前中学历史教学改革的成败。笔者认为,上述见解表明,在对历史基础知识教学与能力培养关系的认识中存在着一个很大的误区,即将忽视能力培养自觉或不自觉地归结为是由过于重视历史知识教学造成的。这一误区的存在,不仅影响了我们对历史基础知识教学与培养能力关系的深入研讨,而且对在教学中正确处理二者的关系,也产生了不良影响和后果。这个认识上的误区是怎样形成的呢?原因是多方面的,且十分复杂。究其深层原因，笔者以为主要有二：

其一，是历史的原因。我们的中学历史教学是与新中国的教育一起诞生、成长起来的。其间，经历了种种曲折和磨难。最初，我们全面吸收和借鉴了苏联的教育理论和教学实践经验。公正地说，在当时的历史条件下，这对新中国教育体系的建立及发展，起了重要的积极作用。但是，对其过分的依赖，亦带来了许多负面的影响。特别是对凯洛夫教育思想体系中过于重视书本知识的局限及存在的问题，在长时期里，我们缺乏冷静而深入的研究和思考。20世纪50年代中期以后，在我国的政治生活中，"左"的思潮又逐渐泛滥起来，并渗透到各个领域，人文、社会科学和教育也毫不例外地深受其影响。在上述两个因素的交互作用与影响下，中学历史教学在发展过程中，出现了许多不正常的情况。其中之一，就是一方面强调历史基础知识的"传授"，一方面又用打上鲜明极"左"烙印的"思想政治教育"，冲击历史基础知识的教学。可以这样说，对历史基础知识教学的问题，我们从一开始就缺乏足够的研究，因而，在以后相当长的一段时间里，在理论上和实践中产生了诸多片面性。主要有：

机械强调书本知识的重要；在历史知识中过分强调阶级斗争的内容，其他不少内容被硬性砍掉或削减，从而造成历史基础知识体系的极不完整。进入20世纪80年代以后，随着极"左"思潮影响的消除，经过调整，历史知识体系日趋完整，历史基础知识中的缺陷在一定程度上得到了弥补。然而，机械强调书本知识重要这样一个重大问题，还没有来得及引起人们的足够重视和深入思考就被忽略，人们的注意力很快转向对知识与能力关系的大讨论。这样，不仅历史基础知识本身失去了一次从根本上研究、解决所存在问题的机会，而且，使得我们对历史基础知识教学与能力培养的关系的探讨，从一开始就在许多方面显出了严重的先天不足。从上所述，我们至少可以清楚地看到：20世纪从50年代后期到70年代末，受极"左"思潮的影响，历史基础知识教学受到"思想政治教育"的严重冲击；同时，受"传统教育"观念的影响，长期把历史基础知识局限、封闭在教科书中；80年代以来，又将培养能力方面存在的问题，简单、轻率地归结为是由过于重视历史基础知识的传授而造成的。从中我们可以得出这样一个结论：中华人民共和国成立至今，在中学

试析历史教学改革理论与实践的一个误区

历史教学中,历史基础知识的教与学始终没有得到应有的足够重视,对其中的许多问题长期缺乏深入研究。而目前流行的一种观点却认为:以前,我们是过于重视历史知识的传授了。可想而知,如果从这样一个基点出发,我们对历史基础知识教学,以及历史基础知识教学与能力培养关系的研究和实践,将会陷入一个怎样的境地。

其二,是认识上的原因。在中学历史教学的目的、任务中,历史基础知识教学和能力培养之间存在着一种十分重要、密不可分的关系。但是,我们在主观上认识并在实践中处理这种关系时,却人为地将其分割、对立起来。造成这种情况的因素比较复杂,但不能不承认,我们在研究这一问题时,在认识上存在着明显的缺陷。

长期以来,我们在认识各种事物的时候,注重从事物自身的矛盾性入手,一般说来,这没有错误,符合事物发展的辩证法则。但是,在一段时间里,主要是由于受"左"的思潮的影响,人们在思考问题时,往往过于看重事物内部的矛盾性,而忽视其统一性,片面地强调"不破不立"是事物的发展。直到今天,我们的一些同志仍习惯用这样一种思维定式来认识问题，其表现为，注重或强调事物的一方面时，就要否定或轻视事物的另一方面，不顾客观地随意夸大矛盾，似乎只有这样才是事物的发展。在中学历史教学中，这样的情况，屡见不鲜。例如，教学中，强调教师教的时候，就忽视学生的学；注重学生的学，就轻视教师的教。在课堂上，各种形式的"满堂灌"、片面强调"学生活动"等，都是其必然产物。再如，教学中，选择和运用教学方法时，为了说明某些方法好，就不惜轻率地贬低另一些方法，以致在一定的时间里，使许多一线的老师无论是在认识上还是在实践中都得不到要领，等等。这些现象的存在，在一定程度上，给教学造成了不必要的混乱和损失。

在认识和处理历史基础知识教学与能力培养关系问题时，亦是如此。在一些同志看来，二者之间的矛盾很大，重视了历史知识的"传授"，势必就会削弱能力的"培养"；历史知识"传授"多了，能力"培养"就会少了。在教学实践中，不少老师在课堂上尽量少讲，多让学生进行读书、回答问题等"活动"；有的地区、学校甚至教条式地硬性规定了教师在课堂上的讲授时间，超时即有"满堂灌"、不注重能力培养之嫌。这样一种状况的存在，使我们不能像注重培养能力那样，全面、深入地关注历史基础知识的教与学问题。在中学历史教学中，对历史基础知识教学以及知识教学与能力培养关系的片面认识，长期存在，危害甚大，这不能不引起我们的重视。

在今后的中学历史教学中，应该怎样端正认识，尽快消除误区呢？

首先，我们要对中学历史基础知识的构成，有一个全面的理解和认识。

如上所述，在过去的一个很长时期里，我们受"传统教育思想的束缚，片面、机械地认为历史教科书里所讲述的知识就是历史基础知识，在这方面不能越雷池一步。但是，我们在反思这方面问题时，又出现走向另一个极端的倾向，即轻视书本知识。要全面、正确认识历史基础知识，一个重要的环节，是必须正确认识历史教学大纲（历史课程标准）、历史教科书，以及教师讲授和学生学习在历史基础知识形成中的地位和作用，并在教学中处理好三者之间的关系。其中，教科书在历史基础知识中的定位是否准确，非常重要。

其实，在中学历史教学中，完整意义上的历史基础知识是由历史教学大纲（历史课程标准）、历史教科书，以及"教师教和学生学"三方面构成的，这三者缺一不可。其中，历史教学大纲（历史课程标准）的"内容要点"，是衡量、确定历史基础知识的统一标准，它充分体现了国家的基本要求。至于这一标准、要求，应是详是略，是具体还是笼统，都可以进一步研究、探讨，但是不能缺少。历史教科书是历史教学大纲（历史课程标准）的具体化，它依据大纲的"内容要点"，具体设计出了历史基础知识的框架。其知识框架的式样，可以多种多样，但是，不能没有。同时，历史教科书还对历史基础知识的深度和广度做出了安排。教师的教和学生的学则是依据历史教学大纲所规定的统一标准，以教科书对历史基础知识的深度和广度所作的安排为尺度，最大限度地充实和丰富教科书所设计的历史基础知识的框架，这是对历史基础知识的最后落实。

从以上三个方面，我们可以看出，中学历史基础知识不同于其他类别和级别的历史知识，它明显带有一些特点：

试析历史教学改革理论与实践的一个误区

一是中学历史基础知识的确定,不是任何个人行为,要体现国家的要求,不能带有随意性。

二是历史教科书内容只是历史基础知识的框架,而不是全部历史基础知识。没有它,教学大纲所规定的历史基础知识的宏观统一标准无法实现,教师的讲授和学生的学习也失去了坚实的依托。

三是教师的教和学生的学是形成历史基础知识的最后一环。在这一环节中,教师的作用不是简单梳理教科书内容的线索和脉络,为其补充史料和史实;学生的学习也不是只听教师讲。教师和学生的教学过程,应该是一个再创造的过程,通过这种师生双边的创造性活动,教师和学生要把教科书所设计的知识框架,最大限度地丰满起来,并使教科书中的文字知识"活"起来,"立体化"起来。教学中,能否做到这一点,直接关系到最后形成的历史基础知识的质量和水平。

四是在构成历史基础知识的三个方面中,越是对宏观的方面,要求越严格;对微观方面,则要求充分体现灵活性,教师和学生可以最大限度地发挥其创造潜能。

从上述构成中学历史基础知识的三个方面，以及这三方面相互联系的特点，可以看出：历史教科书是构成历史基础知识的重要方面之一，它是连接历史教学大纲（历史课程标准）与教师教、学生学的重要纽带，缺其不可。但又不能简单地认为历史教科书就是历史基础知识，准确地说，历史教科书的内容是历史基础知识的框架。因而，那些自觉或不自觉地拔高或贬低历史教科书作用的观点都是片面的。

其次，我们要自觉克服认识问题过程中的缺陷，使我们对教育的主观认识最大限度地符合教育自身的发展规律。只有做到这一点，我们才能在实践中真正处理好历史基础知识教学与培养能力的关系，从而推动历史教学的发展。

按照唯物辩证法的法则，一切事物都包含着矛盾，正是事物内部的矛盾运动，即事物内部矛盾各方的对立统一，推动事物的发展。

但是，长期以来，我们在对各种事物的认识和处理过程中，过分强调其内部矛盾各方的对立，忽视统一，在教育领域中亦是如此。这方面的教训很多，我们应引以为戒。

试析历史教学改革理论与实践的一个误区

其实,在客观世界中,事物内部的矛盾既有对立又有统一,从某种意义上说,对立是促进发展的催化剂,而最终实现发展要通过统一。只讲统一不讲对立是不能实现发展的;反之,只讲对立不讲统一亦不能真正实现发展。

在中学历史教学中,知识教学与培养能力是一对矛盾。如上所述,我们在认识这对矛盾时,不能只看到对立,不看到统一。在教学中处理这对矛盾时,特别不能人为地加深其对立,而应该积极促成二者由对立转化为统一。只有这样,教学才能顺利进行,教学任务才能圆满完成。

在教学中,怎样才能真正实现历史基础知识教学与能力培养由对立转化为统一呢?我们认为必须取得以下几点共识:

第一,历史基础知识和能力是两个各自独立的概念,二者不能等同,不能相互替代。在教学中,那种认为只要"培养了能力",不需要花费多少气力,自然而然地就能教好、学好历史基础知识的观点,与认为只要"传授"好了历史基础知识,自然而然地就培养了能力的说法,同样带有极大的片面性。到目前,我们对二者各自的特性及其规律，还缺乏研究和认识。然而，在历史教学中，知识教学与培养能力又有统一性，二者统一在教学活动之中，统一在受教育者的认识活动之中，相互依存，不能分开。这与人类认识历史的活动是一致的。历史学家、历史工作者在认识某一问题时，既需要获取充分的史料，又需要在此基础上，充分展开思维，进行细致、深入的辨析，得出结论。二者缺一不可，不能相互替代，而这些工作都统一在同一史学研究活动中。因此，我们对历史基础知识与能力的关系的研究和认识，也一定要以二者之间的统一性为基础和前提。

第二，在中学历史教学中，能力培养对知识教学有很强的依存性，离开了历史基础知识，能力就成了"无源之水，无本之木"。在这里，有一种说法须要澄清。在谈到知识和能力的关系时，经常听到这样的说法，某某人曾经学习很差，但能力很强，很能干。并以此为据，来证明能力非常重要。其实，这种说法正说明本文所论及的误区的存在。即，长期以来，我们缺乏对知识的全面、深刻的了解和认识，只看重书本知识，轻视书本以外的知识，特别是不能将书本知识和书本以外的知识有机地结合起来。这样，有的人书本知识学得不够好，但学到了不少书本以外的知识，在这样的"学习过程"中，其能力也会得到相应训练和提高。这个例证，倒是提醒我们要注重研究，在历史教学中，什么样的历史知识能转化为历史能力，什么样的教与学的方式更有利于促进学生能力的提高。

第三，能力对知识有很强的依存性，但能力一旦得到发展，就会转而为新知识的开发创造条件。因此，能力又是开发新知识的工具。在此必须明确的是，在中学历史教学中，那种自觉或不自觉地将能力培养当作教学的终极目标，或把"传授"历史基础知识作为教学最终目标，而将能力培养简单看作是为"传授"知识服务的观点和做法，都是明显违背了教育、教学的基本目的的。

综上所述，长期以来，在中学历史教学中，我们对基础知识教学与能力培养的关系，并没有认识得十分清楚，其中的一些问题，例如，关于什么是历史基础知识、什么是历史能力的问题还有待进一步认识。历史教学的改革是艰难、任重而道远的，这其中有大量的问题需要进行全面深入的研究、探索，有许多设计、构想，要经过反复试验、反复修正，而不能轻易下结论。历史教育、教学的改革，绝不会一蹴而就。

（原载《历史教学》2000年第3期）

谈谈对当前中学历史教学改革中几个热点问题的认识

中学历史教学是基础教育教学的组成部分之一,它在我国未来人才培养和国家的全面建设和发展进程中,起着不可替代的重要作用。随着基础教育改革的不断发展,中学历史教学的改革也在逐渐深入,并越来越受到人们的关注。人们在广泛探讨各种问题时,格外注重并集中展开对一些问题的研究,从而形成了一些"热点"。这些"热点",大都是关系中学历史教学改革能否取得进展的关键所在。因此,科学地认识这些热点问题,就成了制定、设计合理的历史教学改革对策和途径的必要前提和可靠保证。

谨就以下问题谈些许个人看法,以就教于同行。

一、对在历史教学中贯彻和落实素质教育的认识

在基础教育中要贯彻和落实素质教育是当前教育改革的核心任务,中学历史教学亦是如此。但是,坦率地说,在已经过去的一段时间里,这一点在历史教学中的实践效果并不明显。笔者认为,这是由于我们对涉及素质教育的一些问题缺乏足够的认识。

首先,对什么是素质教育认识不够。

在历史教学实践中,有的人似乎认为取消或削弱考试就是素质教育了;有的人似乎认为在教学中学生多活动就是素质教育了;还有的人似乎认为削减教学内容即"减负"就是素质教育了;等等。其实,要搞清楚什么是素质教育,就必须对素质教育的本质有足够的认识。与应试教育是一种片面教育相对立而言,素质教育是一种全面教育,其至少有两方面含义:一是对学生个体来说,成熟发展要全面;二是对学生群体来说,要使每一个人都能够成熟发展。在教学中,如果不能在这两个方面取得明显效果,那么贯彻和落实素质教育就会成为一句空话。因此,在中学历史教学

中，真正做到贯彻和落实素质教育，就要使教学的各个环节有利于切实落实两个"全面成熟发展"。

其次，是对素质教育下的历史教学目标缺乏必要的科学认识。

长期以来，在我国的中学历史教学中，教学的目标有三项：传授历史基础知识、培养发展学生的能力、进行思想道德教育。在教学实践中，我们越来越感到这样的一个目标体系有很大的局限性，特别是在贯彻落实中，存在着诸多矛盾，至今未能妥善地解决。因此，在素质教育下，如何改造和重新构建适合历史教学发展的更科学的教学目标体系，已经成为一项刻不容缓的工作。

当前，在重新构建历史教学目标体系时，有三个问题需要科学论证。一是素质教育都有哪些具体内容。对这个问题的认识，目前虽然不完全统一，但在主要的方面已经接近达成共识，即素质教育的基本内容大致包括：身体素质教育、心理素质教育、思想素质教育、政治素质教育、道德素质教育、文化素质教育等。这是构建新的历史教学目标体系的基础和出发点。二是怎样完善新的历史教学目标体系。从素质教育的要求来看，传统历史教学目标的内容不够全面，各项具体目标之间矛盾尖锐，缺乏一种和谐、有机的联系。在教学实践中，这种状况的长期存在，严重影响了历史教学的质量。例如，在传统历史教学目标中，心理素质教育的内容几乎一直空白，道德素质教育的内容与思想教育、政治教育混同，以致长期得不到加强。又如，在传统历史教学目标指引下，知识教育和能力培养的关系一直处理不好，二者长期对立，这直接影响了教学的发展。三是新的历史教学目标如何体现层次性，以适应落实基础教育培养总目标的需要。素质教育要求使每一个学生都得到发展，考虑到个体学生发展之间客观存在的差异性，教学目标极有必要分出层次。当前，不少历史教师在自己的教学中尝试"目标分层教学"，这不能说不对，但笔者认为，"目标分层"不是教师个人所能完成的一项工作。如何真正实现科学的历史教学"目标分层"，是在制定教学目标时应该解决的问题。

再次，是对在历史教学中，贯彻落实素质教育的途径认识不足。

长期以来，在"应试"教育下，课堂传授逐渐成为了历史教学的唯一途径。受其影响和束缚，不少同人在贯彻落实素质教育的过程中，仍将着眼点集中在课堂教学上，视其为教学的唯一途径，简单地以为改革好课堂教学，贯彻落实素质教育的任务就可以圆满完成了。因此，在当前历史教学改革的实践中，对课堂传授以外的教学途径探究的重视程度与对课堂教学探究的重视程度比较，相差甚远。在这里，笔者想说明的是，贯彻落实素质教育是需要开辟多条途径的，如果仅仅拘泥于课堂传授一条途径，到头来只会在历史教学中严重地影响素质教育的落实。

二、对历史教学内容改革的认识

要正确地认识历史教学内容的改革，首先必须明确什么是历史教学内容。在当前的中学历史教学实践中，普遍存在一种认识：历史教科书即历史教学内容，历史教学内容即历史教科书。较长的一个时期以来，我国的中学历史教学就是在这样一种认识的指导下进行的，所以就出现了上课老师教教科书，学生背教科书，考试考教科书这样一个缺乏活力和生气的教学模式。因而，谈论历史教学内容和历史教学内容的改革，就需要从历史教科书与历史教学内容的关系这一话题展开。

第一，谈一谈历史教科书在历史教学内容体系中的地位。

历史教科书在历史教学内容中处于重要的位置，这是毋庸置疑的。但是构成中学历史教学内容的不应该只有历史教科书，即不仅要有书本知识的内容，还应该有书本以外的各种知识内容。因此，对历史教学内容的改革，就不应该仅仅着眼于历史教科书的改革，而应该注重完善历史教学内容的体系，并在此基础上确定和落实历史教科书的位置。历史教学内容应该包括哪些部分呢？主要应该包括书本知识的内容和书本以外知识的内容。书本知识的内容一般包括历史教科书以及其他一些相关历史书籍的内容；书本以外知识的内容一般包括生活当中遇到并与之密切相连的诸多内容，例如，各种形式和种类的历史遗址、历史遗迹、历史遗物等等。在完善的历史教学内容体系中，书本知识的内容和书本以外知识的内容应该构成一个比例合适的整体，在这个整体中，历史教科书占据主导位置，它需要其他部分知识内容的配合，离开了这些知识内容，历史教科书就会失去主导的位置，而教科书的这种主导位置一旦失去，把它变成唯一的历史教学内容，其在历史教学内容中的地位并不会得到加强，反而会被削弱，其应有的作用便不能充分发挥出来，这也是当前我国中学历史教学实践改革不能取得明显实质性进展的原因之一。

第二，谈一谈历史教科书自身的建设和发展。

谈论历史教科书与历史教学内容的关系，不能不涉及另一个问题，即历史教科书自身的发展。当前历史教科书自身的建设备受人们关注。但是，这种关注往往被自觉或不自觉地限制在了一个狭窄的范围里：就教科书论教科书。例如，教科书的科学性、教科书的具体内容组成（课文、插图、习题等）、教科书的形式等等。应该说这些问题都属于历史教科书的重要问题。但是，对这些问题的研究不能够就事论事，而应该从历史教科书在历史教学内容体系中的地位、作用这样一个更高的层面上加以认识，如果做到这一点的话，我们可能就会从新的视角、用新的思维方式，对诸如历史教科书的体系和结构、历史教科书的科学性、历史教科书的具体编写形式等问题，有全新的认识。而只有到了这个时候，历史教科书的建设才会取得实质性的进展。

第三，谈一谈如何构建历史教学内容体系的问题。

长期以来，中学历史教学内容的体系大体上是依照历史学通史内容的体系而建的。近年来虽然有所变化，但更多地表现为量上的增减损益。笔者在两三年前，曾经和一位在中外古史研究方面造诣很深并一直关注基础教育历史教学的历史学家，就这个问题进行过一次探讨。笔者还记得，这位先生曾形象地说：我们国家的历史教学，长期以来，基本就是小学小故事，中学中故事，大学大故事，研究生老故事，不同阶段的历史教学至今没有形成各自应有的体系，从长远看，这种状况不利于我国历史教学的发展。他的这段话，我始终不能忘记，并经常引导我围绕着这个问题进行思考。目前，中学历史教学内容过分"科学化"的具体表现为：没有建立起相对独立、适合教学全面需要的体系、结构；使本来活生生的历史成为缺乏生气、远离生活，使学生大都不感兴趣、不愿意接受的内容。因此，在教学中各种形式的灌输（在上述情况下，无论使用何种手段、方法，其效果大都如此），就成为了最好、最有效的教学方式。

要改变这种状况，尽快建立起全面适合中学教学需要的历史教学内容体系，必须要做到：以历史学为依托，改变长期以来"压缩史学"的历史教学内容模式，真正从学生的历史意识、历史认知的特点和有利于学生全面、生动地了解和掌握人类历史的基本过程出发，通过对基础史实的选择、对其结构的适当处理，最大限度地"复原"和"再现"不同历史时代人类生活的场景。只有这样的历史教学内容，才是学生历史思维活动得以真正展开的必要前提和条件。

三、对历史课堂教学中学生活动的认识

在当前的中学历史课堂教学中，学生的活动越来越受到重视，甚至不少地方出现了人为规定历史课堂上必须要拿出多少时间来进行学生活动的现象。笔者并不反对在历史课堂上加强学生的活动，但是当前许多历史课堂上的学生活动存在着明显局限，笔者以为至少有以下两点需要深入理解和进一步澄清。

首先是科学地理解历史教学中学生活动的性质和涵义。在中学历史教学中，对学生活动的性质可以从两种不同的角度进行分类。

一种是从教育本身进行分类，大致可以分为两类：一类教育活动属于教育内容，例如杜威的活动课程中的活动，就属于此类；一类教育活动属于教育方式，例如目前我们的中学历史课堂上的学生活动，大都属于此类。这两类教育活动虽然在形式上有着一些相通之处，但在本质上却差异很大，并且这两类活动的作用在历史教学中有很大不同。在教育中，前一类活动往往主要通过课程的设计体现出来，如在课程改革中，将活动课程同学科课程、综合课程进行有机的组合，就可以设计出带有不同特色的各种课程体系；后一类活动往往主要体现在教学过程中对教学方式、方法的运用上，如在课堂教学中，将学生的讨论、阅读、回答问题等与教师的讲授及其他教学方式进行恰当的组合，就可以设计出不同风格的课堂教学样式。对这一点，我们必须要有足够的认识，在历史教学实践中不能将二者随意混淆。

一种是从活动本身分类，大致也可以分为两类：

一类是动手活动;一类是动脑活动。虽然这两类活动之间有着密切的联系,但其各自又带有很强的独立性,在本质上亦具有很大的差异,不能相互替代。历史课堂教学中,在设计学生的活动时,教师必须根据所要达到的目标,在这两类活动中间进行科学的选择和恰如其分的运用。

其次是在历史课堂上如何正确地开展活动。坦率地说,在当前的中学历史课堂上,许多所谓学生的活动,在很大程度上只是一种形式,而且有逐渐地向模式化发展的倾向,尤其应该引起我们注意的是,不少这样的实例正被当作历史课堂教学改革的范例而加以推广。其实,在历史课堂教学中,开展学生活动必须要注意这样几点:一是要有明确的目的性,即开展学生活动,必须有利于全面落实教学目标,而不能为了活动而活动;二是在历史课堂上,学生思维的活动是活动的核心,因此,学生的动手活动一般应为学生动脑即思维活动的展开服务;三是在历史课堂上开展学生动手活动要适度,要与教师的讲授及其他教学方式相互配合。

四、对历史教学中运用现代教育技术的认识

当前,以计算机技术为核心的现代教育技术在基础教育中的运用,正在飞速地推广着。在中学历史教学中,计算机多媒体和计算机网络的运用不仅越来越普遍受到人们的关注,并且越来越深入。然而,在实践过程中也出现了一些过分夸大计算机作用的现象。这种情况如果不能及时得到纠正,将可能会在不远的将来对历史教学产生负面的影响。笔者不仅不反对在历史教学中运用计算机,反而认为在历史教学中计算机运用的前景广阔。然而,问题的复杂性在于:计算机这一高科技的直接产物,作为一种全新的手段,在属于人文社会基础科学领域的历史教学中应该怎样使用,才能充分发挥出其应有的作用?要解答这个疑问,可能需要弄清楚诸多复杂又难以弄清的问题,但就目前而言,我们需要正确地认识并处理好以下问题。

首先,我们需要全面认识计算机技术在历史教学中的作用。关于这一点,历史学家的经验和认识可供我们借鉴:"……电子计算机基本上承担了两方面的

功能，那就是贮存资料、建立'资料库'和进行资料检索……"（杰弗里·巴勒克拉夫:《当代史学主要趋势》，上海译文出版社 1987 年版，第 308 页）当然历史教学与历史研究是有很大差别的，但是作为二者所面对对象内容的历史是一致的、相通的。因此，在计算机的运用上，两者之间的一致远远大于差别。也就是说，在历史教学中，计算机仍然在资料的处理方面起着重要作用。如果是这样的话，我们就可以明显地看到，计算机在历史教学中的作用与其在许多其他学科教学中的作用之间的一个质的差别，即在许多学科教学中计算机可以直接模拟内容，而在历史教学中却不能。这样一来，我们不能不接受一个现实，即计算机在历史教学中的作用是存在着明显局限的。说明这一点，不是为了否认计算机在历史教学中能发挥巨大而独特的作用，而恰恰是为了在历史教学中更科学地运用计算机。

其次，在历史教学中使用计算机，要处理好复杂的人机关系以及由此而产生的其他方面的诸多关系。其实，在各学科教学中只要使用计算机就会产生大致相同的人机关系及其他关系。例如，学生与计算机的关系，教师与计算机的关系，以及计算机运用过程中的师生关系；学生与内容的关系，教师与内容的关系；师、生与教学手段、方法的关系；等等。但是，在历史教学中人机关系及由此产生的各种关系的复杂性，是由历史教学中使用计算机时的局限所决定的。这种局限的存在，应该使我们慎重地对待和处理上述种种关系，而不能简单照搬其他学科的教学经验。特别是在历史教学中，简单地、过分地用人机关系、人机对话（包括网络对话）替代人人关系和人人对话，带有极大的消极作用成分，必须引起我们的足够重视，在这方面，广大历史教师和历史教育工作者还需要做长期而艰难的探索和实验。

第三，在历史教学中使用计算机，要处理好计算机与其他教学手段的关系。在当前的历史教学中，似乎出现了这样一种迹象：用计算机取代其他教学手段，其表现为，在不少地方或学校的历史教学中，是以是否使用计算机作为评价历史教学唯一或主要标准的。当然在计算机这种全新的高科技手段进入教学领域之初，适当加以提倡是必要的，但是不能过分。特别是在历史教学中，计算机的作用又存在明显局限的情况下，我们必须科学地探究如何将计算机与其他诸多教学手段有机地结合起来运用，而不是将其孤立地在历史教学中运用。因为只有与其他教学手段有机结合，计算机才能在历史教学中真正充分发挥出它的作用来。

（原载《历史教学》2002年第1期）

谈谈中学历史课改变学生学习被动状况应注意的几个问题

如何变学生的被动为主动,使他们主动地学习,是当代基础教育的基本课题之一。在我国,由于广大历史教师和历史教育工作者的辛勤努力,在过去的10年中,作为基础教育学科的中学历史,其教学在这方面取得了一些可喜的进展与成绩。但是,也应看到,目前中学历史教学中学生学习被动的状况依然存在,如果长此下去,势必会对我国九年义务教育实施后的历史教学产生不利的影响。

在中学历史教学中,产生上述问题的原因是多方面的,且较为复杂。因此,需要解决的问题亦有很多,但是仅就课堂教学而言,我们认为需要注意以下三个问题。

谈谈中学历史课改变学生学习被动状况应注意的几个问题

一、正确认识和处理好"教"与"学"的关系

多年来,在中学历史教学中存在着由于强调教师"教",而忽视学生"学"的现象。其突出表现为不同形式的"满堂灌",即教师只要按照某种固定教学模式来完成"教",而不管学生是否爱学,是否会学,是否能学到,如教师"一讲到底"就是其中一种形式。但是,在纠正上述问题的过程中,又出现了另一种现象,即强调学生"学"却轻视教师"教",其中比较典型的说法是:在中学历史教学中,"以讲为主"的教授法已经陈旧,必须转变为"以学为主"。上述两种现象究竟有没有偏差?偏差到底出在哪里?这是处理好"教"与"学"的关系必须回答的问题。

任何教学活动都是由"教"与"学"两个方面组成的。在历史教学中,教师通过教,传授给学生历史知识,发展、培养其智能并进行思想道德教育;学生则通过学,从老师那里获得并掌握历史知识,同时受到多种智能的训练和多方面的思想道德教育。在这里,"教"与"学"的出发点虽然不同,但是目标一致,即

归根到底都是为了学生学好。因此，教师的"教"与学生的"学"有着内在的、不可分割的密切联系，它们互为条件，互相依存。缺了一方，另一方也就不存在；一方被削弱，另一方也不会得到加强。不可否认，教师的"教"与学生的"学"在历史教学中的地位、作用有所不同，但这丝毫不说明二者在教学中有轻重之分。由此可以看出，上述两种现象存在着偏差，其偏差就在于：第一，不是全面地认识教师的"教"与学生的"学"，而是带有很大的片面性，强调"教"就轻视"学"，强调"学"就忽视"教"，从一个片面走向另一个片面，来回摇摆。第二，不是从教学的整体角度看待教师的"教"与学生的"学"，而是将其割裂开来，对立起来。在处理"教"与"学"的关系时，非此即彼：既然教师居于主导地位，那么教师的"教"就重于学生的"学"，而"学"就必须服从"教"；反之，既然学生居于主体地位，学生的"学"就重于教师的"教"，"教"就要完全适应"学"，服从于"学"；看不到二者的统一性。这些偏差导致的结果，是被强调的一方并没有得到加强，而被轻视的一方却更加削弱了。在中学历史教学活动中，"教"与"学"如果总是处于这样一种你来我

谈谈中学历史课改变学生学习被动状况应注意的几个问题

往的反复之中，学生如何学得好？其学习被动局面的改观，就更谈不上了。

在历史教学中，如何处理好教与学的关系呢？其关键首先在于要有效地坚持教师的主导作用，重视教师的"教"。这是因为，在中学历史教学中，教学的方向、内容、方法、进程、结果和质量等，都主要由教师决定和负责，而不是由学生决定和负责。相反，学生学习历史的动机、学习行动、学习方式方法，以及学习结果（所获得的知识、思想和能力等等），都不可能是学生主观自生、自发和先验的，而必须并通常是接受和吸收来自外部环境和教育的影响，其中，主要是来自历史教师的影响，因此，教师应该自觉坚持而不是放弃在上述方面对学生的影响。这就要求教师在根据教学大纲和教科书的规定及学生的状况认真组织教学内容，精心设计教学思维路线，正确选用教学方法的基础上，有目的地组织、引导学生积极学习。应该看到，在这方面历史教师的主导作用得到充分发挥，是保证学生主体地位，充分调动学生学习主动性的一个必不可少的前提条件。

要处理好教与学的关系，还在于教学中要始终保证教与学的一致性。历史教学的目标是让学生学好，但这不是仅仅"教"或仅仅"学"就能够实现的，而一定要由"教"和"学"共同来完成。因此，在历史教学活动中，必须注意协调"教"与"学"的关系，使其始终处于一致，而不能出现割裂、对立。这就要求教师在组织教学内容，设计教学思维路线，选择教学方法时，不能单从"教"或"学"的角度出发，只考虑怎样"教"或怎样"学"，而不管这样"教"是否有利于"学"，这样"学"是否适应"教"。在历史学习中，只有当学生把教师制定的教学目标和教学任务变成自己的目标和任务时，才能在持久地保持积极性的前提下，与教师密切配合，自觉地进行与完成一系列的学习活动。那种在课堂上不顾学生实际情况，只凭教师主观意志任意教和在课堂上放松或放弃对学生的指导，加大学生学习随意性的做法，都不利于调动学生学习历史的主动性。

二、正确理解和运用启发式教学

目前，在中学历史教学中，造成学生学习被动的一个核心问题，是教学缺乏启发性，其表现如，教师讲一个历史问题，不管学生的现有知识水平、接受能

谈谈中学历史课改变学生学习被动状况应注意的几个问题

力如何,只顾自己在课堂在上进行说教,使学生感到索然无味。又如教师"满堂灌",不给学生自己消化、自己学习的余地,特别值得注意的是,有些教师设计、采用新方法教学时,出发点是要加强启发式教学,但实际上仍然没有摆脱"满堂灌"的框架;还有的教师仍然将启发式视为某种具体教学方法。因此,我们认为在历史教学中真正做到启发式教学,还有必要重新明确到底什么是启发式教学。

启发式教学是指教师在全部教学过程中,从始至终地启发学生积极思维,使他们自觉地学习、掌握知识,从而实现从感性到理性、从生动的直观到抽象的思维的飞跃。钱放老师在《谈谈中学历史课教学的启发式讲授法》一文中说:"启发式不是一种具体的教学方法,而是一种教学思想、教学观、教学原则,它应该惨透在教学活动的各个方面,并贯彻教学过程的始终。"(见《历史教学研究的新探索——全国历史教学研究会论文集(第二集)》人民教育出版社,1986年版)这段文字的论点是正确的,它明确告诉我们不能将启发式与某种或某些具体教学方法等同起来。与启发式相反,注入式教学(或称"满堂灌")是指在教学中，教师不顾学生的学习积极性和理解能力，只向学生灌输知识，一味要求死记硬背。这也是一种"教学思想""教学观""教学原则"，也不能将其等同于具体教学方法。那些自觉或不自觉地将某种具体教学方法冠以"启发式"或将"满堂灌"强加于某种具体教学方法的观点和做法，都缺乏科学性，带有片面性。我们应该警醒地看到，在中学历史教学中，这些观点和作法的传播，是非常有碍于学生学习被动局面的改变的。我们认为在中学历史教学中，要做到正确运用启发式教学，应着重注意以下两点：

第一，教师应根据教学大纲和教科书的规定与要求和学生的实际情况，精心设计教学思维路线，并保证教学始终沿着预定的路线进行。中学历史教学大纲和教科书对中学历史教学的内容作了明确具体的规定，教师的任务不是"照本宣科"地把历史知识教给学生了事，而是要根据学生怎样学更好来设计自己怎样教的原则，按历史知识内在的逻辑规律，对其进行科学的排列组合，使其既不违背历史发展的进程，又符合从感性到理性、从生动的直观到抽象的思维这一认识的规律，并保证自己的设计能在课堂上贯彻始终

谈谈中学历史课改变学生学习被动状况应注意的几个问题

并取得最佳效果,在这方面,不少教师在教学实践中创造和积累了许多成功的经验。例如,有的老师在讲述某国家历史时,首先从这个国家当前发生的、与所讲内容有关联的重大事件讲起。讲授中,教师根据历史发展的因果关系、内在联系,由浅入深,由表及里,层层设问,引导学生逐步深入。其中,还穿插使用经过教师自己精心选择和设计的图片、图表、幻灯片、录像等各种直观手段,以帮助学生进行形象化的思考。这样的教学具有很强的启发性,既传授了丰富、生动的知识,又把调动学生的思维建立在掌握丰富、生动的历史知识的基础之上,必然能够充分调动学生学习历史的积极性和主观能动性。

第二,教师要根据教学内容的要求和完成教学任务的需要,精心选择和正确使用教学方法。适用于中学历史课的教学方法有许多,大致可以分为三大类。第一类是教师运用口头语言向学生传授历史的方法,包括讲述法、讲解法、讲读法、谈话法,即通常所说的教师的"讲"。第二类是教师指导学生通过直观感知历史的方法,主要包括各类各种直观教具演示法和教学参观。第三类是教师指导学生自学的方法,包括读书法和练习法。应该看到，任何一种教学方法都有各自的优点，都具有启发的因素，但也都有不足之处，在历史教学中要贯彻启发式精神，就要在深入了解每一种教学方法的特点和不足的前提下，根据教学实际情况进行选择、搭配，做到科学配合，扬长避短。那些在教学中片面抬高一些方法，同时又片面贬低另一些方法的做法，以及在运用教学方法上存在的僵化现象，其实并不真正具有启发式教学的功效，因此，也就仍然不能跳出注入式的窠臼。这是当前中学历史教学方法改革中，应该引起注意的。

三、正确选择和运用历史教学形式

中学历史教学有多种形式，每一形式又是由多种教学方法组合而成的。在各种教学形式中，哪种是主要形式？目前的看法和意见有很多，我们同意不少教师的意见，认为"以讲为主"是中学历史教学的主要教学形式。这是因为，在中学历史教学中，教师的系统讲授具有不能替代的优越性和充分的科学根据。它突出地体现了历史教学的特点：学生直接接受教师教

谈谈中学历史课改变学生学习被动状况应注意的几个问题

给的前人、他人已获得的历史知识成果,认识上最经济,单位时间的知识容量最大,传授空间的覆盖也最大。同时,历史知识一度性的特点,也决定了历史教学不能直接观察,亦不能通过实验再现。学生要获得系统、丰富而又生动、形象的历史知识主要是通过教师的讲授。讲授还能充分发挥教师口头语言和学生听觉的功能,培养和激发学生的思维能力和思想道德情感。它对历史教学的其他学习环节,如复习、练习等,也都确实起着不同程度的主导作用。在历史课堂上,只要教师讲好了、学生听好了,其他环节就事半功倍,学生的学习积极性就会得到充分调动,反之,就会事倍功半,学生会对历史学习产生越来越强的厌烦情绪。因此,在中学历史教学中,否定教师讲授的一些似是而非的说法应该予以澄清。例如,有的人认为,教师系统讲授就是"满堂灌",必然会使学生学习被动,不利于发挥学生的"主体"作用,因而,教师应该少讲或不讲,以此发展学生的自学能力。我们认为这样的说法是很不确切的。有的地区甚至硬性规定课堂上教师讲授的时间,这种做法非常错误。本文前面已谈及教师系统讲授并不注定就是"满堂灌",而很可能具有极大的启发性；学生听讲也并不注定被动，而很可能是积极主动的，关键在于教师怎样讲，怎样围绕着讲辅以其他方法组成适合教学的形式。

但是，也应看到，系统讲授也有它的弱点和局限性。在历史教学中，可以比较清楚看到的，至少有两点。第一，它不能更全面地培养和锻炼学生的多种学习能力，特别是动口、动手的能力，实践机会少。第二，容易形成学生总是只能通过教师的讲授而间接地跟新知识发生关系的固定、僵化的模式。因此，要充分发挥"以讲为主"教学形式的作用，教师既要从其内部处理好讲与其他方法的关系，又要在外部处理好与其他教学形式的关系。我们坚持中学历史教学要以"以讲为主"为主要教学形式，并不是将其作为唯一教学形式，并不排斥其他教学形式的存在。相反，我们认为，根据历史知识的特点，只有使教学形式多样化，真正做到多种形式并存，与"以讲为主"这一主要教学形式互相配合，才能够真正最大限度地调动学生的学习积极性和主动性。

目前，不少教师在历史教学中进行了多种教学形式的实验与探索，创造出了许多教学形式，如四段教

谈谈中学历史课改变学生学习被动状况应注意的几个问题

学法、六段教学法、讨论式教学法、图示教学法……这些教学形式各有特点,在教学实践中都获得了不同程度的收效。但也要清醒地看到,这些教学形式本身以及在运用中还都不同程度地存在一些问题和不足,这是需要在教学实践中不断完善的。但也有些不属于此范围的问题,很有澄清的必要,其归纳起来主要有以下两点:

第一,为了证明某种教学形式比"以讲为主"优越,或为了强调其重要,自觉或不自觉地将其推入了绝对化、模式化的"魔圈"之中。

如有的地区、有的教师一讲"四段教学法",每一堂课都要"讲讲读读议议练练",还要具体规定每一阶段的时间。再如,一讲"图示教学法",就每课必有图,否则就不能成为图示教学课。其实,有些教学内容,并不怎么适合用图和表的形式来表示,而更适合教师讲,或用其他形式表达。比如有些历史事件、历史现象并不复杂,教师口头表述就能讲得非常具体清楚,或用地图、图片等其他形式表达更好,但还要画一图示,其结果反而抽掉了其中具体内容,学生最后得到的只是干巴巴的符号组合,学生怎能不感到枯燥无味？再如，有些历史事件、历史现象极其复杂，头绪多、难度大，更需要教师充分讲解，并同时运用多种方法使其尽量生动、具体、条理清楚，便于学生掌握，而用图示来表示，则纵、横线条反复交叉，与各种符号、文字搅在一起，给人以零乱、更复杂的感觉，学生如何愿意去记、背。

第二，不切实际地拔高和夸大某些教学形式的效能。如作为教学形式之一的图示教学法，由于其自身的局限性，只能是教学的辅助形式之一，本来在历史教学中恰当使用是很好的，比如在复习课中，与"以讲为主"互相配合，效果甚佳，就是在某些新课中也可以穿插使用。可是，如果不切实际地将其作为一种主要教学形式、教学体系运用于历史课中，就不见得合适了。这就尤如在历史研究、历史著述中，图示、图表历来为史学家所注重，但是，无论图示、图表怎样重要，也只能作为文字叙述的补充，而且图示、图表只有同文字叙述有机地结合起来，方能发挥其应有的效用。

综上所述，在历史教学中，只有再经过艰辛的努力和探索，不断完善现有的教学形式，并创造出更多更好的教学形式，将其恰当地用于教学，才能加快扭转学生学习被动局面的步伐。

在中学历史教学中，变学生学习被动为主动是一个关联教学全局的问题，这一问题的解决是需要和许多教学问题的解决同步进行的。在认识和解决这个问题时，我们一定要以实事求是的态度，从教育、教学的不同角度，进行全方位的深入考察和研究。"破旧""立新"的办法不能用来解决教育问题；"冲杀"的办法亦不能用来解决教育问题。国内外教育史上许多经验教训告诫我们，过去的（旧的）都破掉，新的也就随之失去存在的基础，而无法立起来；"冲"，往往会把教育冲乱，而"杀"的结果，又会使教育园中的百花凋零。教育的问题是很复杂的，有许多问题我们至今还不能清楚地认识。而且，教育上的很多成败得失，是要经过一个较长时间实践检验，在受教育者身上才能反映出来的，而不能由教育者凭主观的"近期效果"论断。因此，我们对教育上的问题下"结论"，要慎而再慎！

谨以此文就教于前辈老师及各位同行。

（原载《历史教学》1992年第4期）

关于目前中学历史教学中培养学生能力的几个问题的思考

近10多年来,在中学历史教学领域里,培养学生能力问题是热门话题之一,就此而发表的文章大约有数百篇之多。无疑,这对于在历史教学中加强对学生的能力培养起了积极的推动作用,并初见成效。但是,我们亦应看到,无论在理论上还是实践中,培养学生学习能力的问题,仍有许多方面有待于在深入研讨的基础上加深认识。否则,这些问题的长期存在,势必会对九年义务教育制实施后历史教学的进一步发展,产生不良的影响。

本文试图对目前中学历史教学培养学生能力中几个关键性问题的初步认识进行阐述,以引起同行的注意,并求得指教。

关于目前中学历史教学中培养学生能力的几个问题的思考

一、关于历史教学能力的多层次结构

在中学历史教学中究竟应该培养学生哪些能力？这些能力孰重孰轻？它们之间有什么关联？这些是处在历史教学第一线的老师们经常遇到、人们迫切需要其明确解答的问题。多年以来，许多同志力图通过自己的研究，对上述问题做出圆满的答复，取得了可喜的收获。但是，也必须看到，由于各自认识问题的角度不同，所得结论产生了一些差异和分歧。究其原因，很重要的一点是这些同志在认识中学生在历史教学中发展出的能力（以下简称为"历史教学能力"）时，在很大程度上缺乏整体感，未从整体的高度对其进行全面考察。

我们认为，历史教学能力是由多种单一能力构成的一个整体，是多种单一能力的有机组合，是一种内在的多层次结构。如果我们在研究历史教学能力时，对它所具有的这种内在的多层次结构视而不见或认识不清，就会破坏它的整体基础，而使自己的认识失之偏颇。历史教学能力的多层次结构是怎样形成的呢？

一是中学历史教学是我国基础教育的一门学科,因此,它不能脱离国家对基础教育的统一要求的制约。在本学科能力培养的要求方面,一定要达到国家对初级中学学生的总体能力素质的要求。二是要适应中学生心理特点及其发展的需要。三是构成历史教学内容的历史学科本身是一门独立的学科,确定历史教学能力多层次结构时,还要依据历史学科的特点。

历史教学能力结构包括哪些层次呢?简括来看,可以划分为以下三个层次:

1. 基础层次。即中学生学习历史课程的基本技能,主要包括阅读历史教科书,记历史笔记,识别、编制与利用历史地图和图表,口头和书面回答历史问题,记忆基本史实等能力。

2. 提高层次。即中学生在学习历史过程中的形式逻辑思维能力,主要包括分析、综合、比较、概括。这一层次在中学历史教学能力结构中占有承上启下的连接作用。

3. 深化层次。即中学生在学习历史过程中,运用已获得的历史知识和历史经验,深入学习,初步认识现实、思考未来的能力,主要包括在相关科目的学习中自觉运用历史知识、初步运用所学历史知识观察和分析现实社会生活中和当今世界的一些问题的能力。

但是，必须指出，上述历史教学能力的三个层次划分，具有很大程度的相对意义。我们应当既看到其相对的区别，又要充分认识其内在的相互渗透、互为表里的联系，在研究中自觉地从整体高度去把握它，并在历史教学实践中，注意全面培养学生的能力。那种过分强调某种能力的作用，而忽视其他能力的认识和做法，是十分有害的，不仅不能提高历史教学能力在中学历史教学中的地位，反而会降低它。

二、关于历史教学中培养能力的途径

随着中学历史教学的发展，越来越多的同志清醒地看到历史知识的传授对学生能力培养的决定性作用，认识到"寓能力的培养于历史知识传授之中"是历史教学培养学生能力的唯一正确途径。但是，容易被忽视的问题是：传授什么样的历史知识和怎样传授历史知识才能有利于学生能力的培养？目前，在中学历史课堂上，仍然存在着把丰富的历史知识归划成干巴巴的要点罗列，让学生记背，把历史知识传授变成只讲述零散具体史实，而缺乏通过讲述具体史实揭示历史因果关系和纵横联系的现象，这不能不引起人们的忧虑。有的同志指出：这种现象如果不及时制止、任其蔓延的话，在九年义务教育的历史教学中，"寓能力培养于历史知识传授之中"就将成为一句空话。

中学历史知识，即通常所说的中学历史基础知识。它不是简单的史实堆积，亦不是公式化的条条框框，而是能够体现历史因果关系及内在联系的具体史实的系统化的表现形式，其内涵是极其丰富的。它不仅生动、形象，而且能充分反映历史的发展规律。历史教学能力只能是在这样的历史知识传授过程中同步培养出来。例如，在"秦朝的统一"一课的教学中，如果只是"照本宣科"地按教材文字叙述秦始皇统一六国及其历史意义、秦始皇巩固统一的措施等内容，并让学生逐条划书、背书，而不对当时复杂的历史形势加以适当补充和揭示，学生就难以对秦统一后所处的历史环境和面临的问题有真正的了解，因而也就不能深刻理解秦统一的历史意义和秦始皇巩固统一措施的重要性、必要性及其得失。再如，在中国近代史前期

(1840—1919年)的教学中,只是按照资本帝国主义列强发动的历次侵华战争与中国人民为反抗外来侵略和本国封建势力而掀起的几次革命高潮两条线索,讲述各个具体事件的过程,而不对当时各个历史阶段及各个历史事件中的政治、经济及对外关系等方面构成的错综复杂的历史矛盾给予一定的揭示,学生就无法深刻理解列强发动侵华战争的背景、目的和结果,以及中国人民前仆后继、奋起反抗的丰富内涵和深远历史意义。因此,那种简单"照本宣科"式讲述,然后强调让学生"活动",将书本内容归纳成一条一条的要点进行记背的做法,看似是在传授历史知识中培养学生能力,实则是将历史教学培养能力简单化、庸俗化,使其达不到预期的要求和标准。

当然我们也应看到,在中学历史教学中,有许多老师长期正确坚持"寓培养能力于历史知识传授之中",他们在传授历史知识时,不仅充分讲述丰富而生动的具体史实,而且注意讲清楚历史史实的本质和内部联系,从而通过历史基础知识的讲授,勾勒历史发展的基本线索和规律,使学生在深入理解和认识历史的过程中,不断提高自己的认识能力。

最后我们还应看到，要解决好传授什么样的历史知识和怎样传授历史知识的问题，不仅需要广大历史教师的努力，更需要教科书的编者及各级教育行政机关工作者的配合，即编写出高质量的历史教科书，根据历史学科特点和国家对培养未来人才的需要，制定出指导中学历史教学工作的有关政策。这三个方面工作的协调、统一，是使历史教学培养能力沿着正确道路顺利发展的重用条件及保证。

三、关于历史教学培养能力的方法论

在中学历史教学中培养学生能力，不仅需要寻找一条正确的途径，还需要掌握切实可用的方法。

中学历史教学发展到今天，其方法多种多样，它们日益构成一个越来越完善的体系。需要明确的是，这个体系不是由众多单一方法简单相加而成，而是由这些方法统一于历史教学之中、有机地组合而成的。在教学方法体系中，单一教学方法之间有着不可分割的密切联系，各自又都占有不可替代的地位。

中学历史教学方法作为一个完整的体系，它同样具有明显的多层次结构,如下图所示。

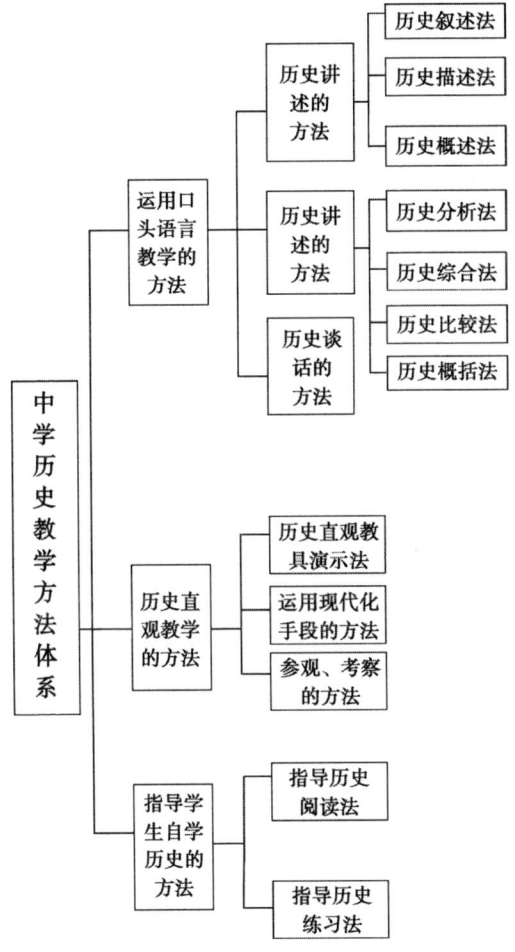

因此,我们在认识和评价历史教学方法,并认识其对历史教学能力的作用时,不能仅根据其外部形态、从应用的角度进行考察,在考察中应着重注意的问题有:

1.探索其形成的理论基础。因为不论是整个历史教学方法体系还是每种单一教学方法,在其形成过程中都有理论依据,如一定的哲学、教育学、心理学、历史学理论。我们认为,如果对形成历史教学方法的理论基础缺乏深入的研究,或在认识还不甚清楚的情况就草率下结论,是不足取的。

2.搞清楚其内在结构。教学方法体系及任何一种教学方法都具有内在的结构,只有在掌握其内在结构的基础上,才能正确地认识和运用它。如历史教学中运用口头语言教学的方法,其内部结构就有不同层面。

3.明确选用历史教学方法的依据。历史教学法有很多种类,其特点作用各有不同,在选用时应当依据什么呢?我们认为主要有:(1)历史教学的目的、要求,即所选择的教学方法必须能够实现教学目的要求;(2)历史教学内容的需要,即教学方法和教学内

关于目前中学历史教学中培养学生能力的几个问题的思考

容要达到有机的统一;(3)适应历史教学对象的状况,即教学方法要适合教学对象的年龄、知识水平和心理特征。

4.研究教学方法的最佳组合。在历史教学中,不同类型的课要完成的任务及培养能力的侧重点有所不同,即使在一节历史课中,也往往要完成多项任务,进行多方面能力培养。因此,课堂上教师不能从始至终使用一种教学方法,而是要根据教学实际情况,在诸多教学方法中进行选择,优化组合成能够全面适应不同需要的最佳教学形式。这是全面完成本课教学任务、达到能力培养要求的可靠保证。那种认为某一种由多种教学方法组成的教学形式为最佳组合,适合一切历史课堂需要的认识和做法,与在历史课堂上始终使用单一教学方法的认识和做法,同样是非常错误的。

综上所述,在中学历史教学中,加强培养能力的宏观研究,是一项刻不容缓的艰巨任务。我们必须看到,对培养能力的微观研究应该是建立在宏观研究的基础上;二者既不能相互替代,亦不可偏废。只有尽快构建起既包括宏观又包括微观的多层面研究体系,才能真正使我们对历史教学培养能力问题的认识不断深化,从而在研究中进一步取得硕果,以便促进和指导中学历史教学的健康发展。

(原载《课程·教材·教法》1995年第1期)

试论中学历史教学培养学生创新的意识和创新思维习惯的几个问题

　　一段时间以来,在中学历史教学改革中,学生"创新思维""创造能力"的培养,成为了人们讨论的热门话题,并形成了许多看法和见解。这些看法和见解,有的颇有意义,有的需要更正,更多的则需要在不断探究的基础上加以完善,以形成科学的认识和理论,来指导中学历史教学的改革实践工作。只有这样,才能在今后保证历史教学改革能够沿着正确的轨道向纵深发展。

一、在理论上，对相关的各种概念做出正确的阐述和定义，在教学实践中，科学地运用这些概念，是中学历史教学实施"创新教育"的重要前提和必备条件

当前，围绕着"创新"和"创造"，在历史教学中形成了许多概念、名词，人们用的较多的，如"历史创新教育""历史创造能力""历史创新意识""历史创新精神""历史创新思维能力""创造性历史思维能力"，等等。然而，由于在实践中人们对上述概念的理解和认识有许多模糊的地方，在贯彻落实的时候，也就出现了一些偏差，甚至出现过头的现象。其集中表现为，有意无意地忽视了历史教学目标的整体性，在历史教学的多项目标中，过分强调所谓"创新思维能力"和"创造能力"的培养，将"创新能力"和"创造能力"的培养，作为整个中学历史教学改革方向和"唯一"目标的气氛越来越浓。因此，在历史教学中能否科学地认识"创新""创造"问题，正确理解和运用相关概念，对当前的历史教学改革来说，意义重大。

试论中学历史教学培养学生创新的意识和创新思维习惯的几个问题

在中学历史教学中,出现的诸多有关"创新""创造"的概念,无论其具体文字表述有何不同,但在各自的含义中,首先具有明显的共性,即无一例外地都含有"创"的意思。对"创"的含义,自古以来,人们就有明确的认识。在中国的古籍中,对"创"就有明确的解释。班固的《汉书·叙传下》中有"叔孙奉常,与时抑扬,税介免胄,礼仪是创"之句。唐代的颜师古对该句中的"创"字专门作注:"创,始造也。"在这里,"创"带有开始、初次、前所未有的意思。在上述提到的概念中,大都含有"创"字,因此,其相互之间在很大程度上,就都具有了相通之处,因而其联系也就非常紧密。

然而,在这些概念的含义中,除了共性外,还有其各自的特殊性。产生这种特殊性的原因是多方面的。归纳起来,主要有:每种概念的内涵和外延一般都具有各自的一定的规定性;各种概念对问题阐述的层次、角度、侧重有所不同。例如,"创新教育"的概念,就一般意义说,可以理解为是一种教育的模式,它的内涵和外延中包括教育理念,即人们对教育的一种认识;还包括对与这种认识相应的教育过程的具体设计和实施（当前，人们对教育模式的理解认识有异，笔者的观点如此。但对教育模式的阐述当是另一话题）。而"创造能力"、"创新思维"或"创造性思维"、"创新的意识"、"创新思维习惯"等概念一般是指一种教育模式、教育过程中的具体局部问题或内容，而其所表达的意思和内容侧重也各有不同。一般来说，"创造能力"强调的是人们从事各种活动的一种才干，即人们运用各种已知的知识和经验，产生出某种新颖、独特"产品"的能力。"创新思维"或"创造性思维"是指人们在从事创造性活动时的思维过程，它属于人的认识活动范畴，是人类所特有的一种精神活动。"创新的意识""创新思维习惯"则分别侧重各种创新活动的自觉性和创新思维活动中自觉行为的养成，等等。但是，在当前的中学历史教育、教学改革中，我们往往将这些概念简单地混淆使用。

我们认为，在中学历史教学中开展"创新教育"、培养"创造能力"，首先应该规范各种有关"创新""创造"概念的表述，并对这些概念本身进行科学的定义。这是在历史教学中有效开展"创新教育"，培养"创造能力"的必备前提和重要条件。如果忽视了这一点，势必会使当前在中学历史教学中引入教育新思想的工作，缺乏应有的扎实基础，这样不仅可能会导致本来是一种很好或很有价值的历史教改思路或设计，在实践中无法实现，同时更为重要的是会对历史基础教育科学体系的建设产生不良的影响，从而导致历史教学在整个基础教育体系中，处于落后的尴尬位置，更得不到应有的重视。如果真是这样的话，整个学校历史基础教育科学的发展与进步将成为一句空话。

二、学生"创造能力"的发展，是一个有明显阶段性的漫长过程。这一目标只能通过终身教育最终实现。因此，在中学历史教学中，"创造能力"培养目标的确定，不能过低，也不能过高

在当前的中学历史教学改革中，培养学生的"创造能力"问题，越来越受到关注。但是，笔者认为，由于在理论上缺乏必要的科学论证，目前，我们对中学历史教学中学生创造能力的培养，无论是在认识上，还是在实践中，都存在着将其放到过高的失当位置上的倾向，而这样做的结果，不仅不能真正加强反而会

削弱教学中学生创造能力的培养。因此，有必要对创造能力本身及创造能力的培养与教育发展之间的一些问题进行必要的探讨。

创造能力是人类所特有的。简单说，它是个体人的一种心理活动的外化，是以心理活动过程为依托的一种行为表现。就个体人的创造能力来说，其所必备的心理因素或者说素质，是通过先天遗传得来的；而这种心理活动的不断外化，即其转化为具体的行为表现，则是后天的事情。因而，人的创造能力的产生和发展是一个复杂而漫长的过程，它贯穿于人的一生，并且具有很明显的层次性，即这一发展过程是由低向高，可分成若干阶段的。特殊情况除外，一般来说，一个人创造能力的发展程度和阶段，要受到这个人自身整体发展的程度和阶段的制约，而不能超越。在儿童阶段，人的创造能力正处于形成时期，从整体上说，其创造能力本身的水平还很低，但是从另一方面来看，儿童的创造能力又不是一成不变，总停留在一个水平上，而是始终不间断地由低向高、由不成熟向成熟发展着。因此，在这个时期，儿童"创造能力"的核心是什么，应该成为我们认真思索和科学论证的一

试论中学历史教学培养学生创新的意识和创新思维习惯的几个问题

个重要问题。笔者认为,从一个人"创造能力"的整个形成和发展过程来看,儿童具备必要的创新的意识和创新思维习惯,是其成人后形成较高水平创造能力必不可少的条件。所以,儿童阶段,培养"创造能力"的核心,应是创新意识的不断增强和创新思维习惯的养成。当然,创新的意识和创新思维习惯与创造能力之间,没有一条界限明显的不可逾越的鸿沟。在很多情况下,它们相互融合,但同时二者又有着明显的差异,不能简单地等同。可是,在当前的中学历史教学中,有许多提法和做法,却忽视了创造能力形成与发展过程中所具有的上述层次性和阶段性的特点,过于笼统地使用"创造能力"这一概念,从而在中学历史教学实践中造成了一个误区,即,脱离了基础教育阶段的教育目标和中学生自身发展水平与规律的要求和制约,过分强调学生"创造能力"的培养。

由于创造能力的形成与发展是一个具有层次性和阶段性的漫长的过程,如何有效地培养学生的这种能力,就成为教育工作的一项重要任务。而要在教育工作中具体落实和完成好这项任务,就必须真正实现终身教育。

终身教育的思想从提出发展到今天，已为越来越多的各国教育工作者所接受。终身教育是一个连续不断的教育体系。在这个体系中，各阶段及各类教育不再各自孤立，各行其是。同时，教育的各项目标，都随之被分解成若干层次、若干阶段。具体到教育实践中，每个阶段的教育都要落实相应的教育目标，完成相应的教学任务，而不能相互随意超越和替代。培养创造能力亦是如此。

在终身教育中，基础教育与职业教育、成人教育、高等教育的目标有着明显的区别，其主要使命是培养未来的成人，即，使儿童从不成熟走向成熟。因此，对教学中培养学生创造能力目标的认定和落实，应与儿童的创造能力所处的阶段与水平相一致，即侧重于儿童创新的意识培养和有效地帮助其养成良好的创新思维习惯。笔者认为，在这个阶段的教育中，不加区别地过高强调创造能力的培养，反而会适得其反。1999年6月13日，《中共中央国务院关于深化教育改革全面推进素质教育的决定》（以下简称为"《决定》"）中，明确提出了"高等教育要重视培养大学生的创新能力、实践能力和创业精神"，但这一要求在基础教育中不能简单照搬。我们应该根据《决定》中这一要求的精神,从与高等教育的这一培养目标有机地结合的角度出发,具体研究、制定基础教育的这方面目标,使其能够为真正落实高等教育这一目标奠定坚实的基础。具体到历史科目的教学中,中学历史教育、教学的目标,从实质上说,是按照未来国家公民应具备的素质,全面提高学生的素质,而不是按照培养历史学家的标准,将学生培养成历史工作者。因此,怎样从终身教育的角度落实上述思想,还有待于广大历史教育工作者进行科学、深入的思考和扎实的基础理论研究工作。

三、在历史教学中,创新的意识和创新思维习惯的培养,不能孤立进行;它与历史教育各项目标的落实之间,有着密不可分的联系。因此,按照素质教育的要求,全面改革中学历史教育,是有效培养中学生历史创新意识和历史创新思维习惯的关键所在

在中学历史教学中,如何具体落实培养学生创新的意识和创新思维习惯呢?

由于目前一般都把创新的意识和创新思维习惯归属于能力的范畴,因此,有必要从历史教学目标的角度对其进行考察。

第一,创新的意识和创新思维习惯包含着一定的能力成分,在中学历史教学中,它与其他各项能力一起,共同构成了历史教学的能力培养目标的内容;同时,历史教学中的各项具体能力培养里,又或多或少都离不开创新的意识和创新思维习惯。例如,记忆力是中学历史教学中要培养的能力之一。但是,历史的记忆力是以对所记内容的理解为前提条件的,离开了对内容理解的记忆,对历史学习而言,没有多大的意义,而对历史内容的理解本身,就应该包含着创新的意识和创新思维习惯。再如,历史思维能力是中学历史教学中要培养的又一重要能力。如果采用一般思维的智力品质分类方法的话,完整意义上的历史思维可以划分为历史再现性思维和历史创造性思维。因此,在中学生的历史思维发展中,创新的意识和创新思维习惯应占有极重要的位置。

第二,创新的意识和创新思维习惯与历史知识相互依存。大量的实践和心理学研究证明,创造能力的

试论中学历史教学培养学生创新的意识和创新思维习惯的几个问题

产生和发展，是以已知的知识和信息为前提条件的。古今中外的许多大发明家、大科学家之所以能够有各种各样的发明、创造，是与其具有广博深厚的知识和经验分不开的。离开了已知的知识和经验就没有发明和创造，"皮之不存，毛将焉附"说的就是这个道理。由历史"一度性"的特点决定，在史学研究中，任何一种接近科学的结论的得出，都是以充足而翔实的史料作为前提条件的；而史家对许多历史问题无法做出正确的判断和结论，则往往是由于缺乏足够的史料依据。在中学历史教学中，创新的意识和创新思维习惯的培养，同样离不开必要的历史知识和材料。但是，在当前的中学历史教学实践中，仍然大量存在着用忽视和削弱历史知识教学的方式，去培养所谓的"历史创造能力"的现象。具体表现为：在教学中，一味地强调调动学生"思维"；设计大量超越学生水平、难度很大、脱离基础教育目标要求（非常专业）的"问题"让学生思考，却不给或不可能给学生提供解决这些问题所必须的知识和材料。这种做法，违背了创造能力形成和发展的基本规律，因此不能培养学生创新的意识和创新思维习惯，因而也就更谈不上培养学生的历史创造能力了。

第三,在中学历史教育中,创新的意识和创新思维习惯的培养,不仅同教学目标联系密切,而且与教学内容、教学组织形式、教学手段和方法、教学测量和评价之间都有着广泛的联系。因此,在教学中,真正要做到创新的意识和创新思维习惯的培养,就必须从历史教育的整体改革入手,全面解决当前历史教育、教学各个环节中的问题。例如,在教学中,长期以来形成的史实加结论的教学内容模式不变,创新的意识培养和创新思维习惯的养成就只能流于形式。因而,在教学内容方面,史料和观点的取舍固然重要,但更为重要的是根据怎样的教育、教学思路来选择材料,构建历史知识结构。非常遗憾的是,当前不少同行仍将精力放在史料和观点取舍的问题上,而对中学教学中历史知识结构的改造和构建问题却关注不够。而这正是当前中学历史教学创新意识和创新思维习惯培养中亟待解决的关键性问题之一。

第四,在怎样搭配教学组织形式,运用什么样的教学手段和方法,采用哪些教学测量和评价方式方面,都不同程度地存在着僵化、教条的形式主义倾向。这些都是当前中学历史教学中进行创新意识和创新思维习惯培养需要解决的问题。

综上所述，中学历史教学中，创新意识的培养和创新思维习惯的养成，不仅是狭义教学环节中的孤立问题，其涉及的范围很广，几乎包括了历史教育、教学的所有领域，因此，解决起来既复杂又费时。其间需要做大量科学的定量和定性工作，而不能仅凭想当然或带有很明显随意性的所谓历史课"教改试验"。

（原载《历史教学》2001年第3期）

关于加强二战史教学的历史感和时代感

第二次世界大战的烟云在地球上空散去已整整50年了。这场战争既是人类文明史上的一场空前浩劫,同时它的胜利又极大地推动了人类社会的进步与发展。可以毫不夸张地说,这场战争的正反两方面的经验教训仍对今天的世界产生着不容忽视的影响。因此,站在一个什么样的高度、从一个什么样的角度出发,引导当代的青少年学生深入学习这段历史,将关系到他们如何认识了解今天的世界,并在此基础上,思考和探索21世纪人类发展的大趋势。这是摆在历史教育工作者面前的极其严肃而又重大的问题。我认为需要在这段历史的教学中加强历史感和时代感。

关于加强二战史教学的历史感和时代感

如何才能做到在二战史教学中加强历史感和时代感呢?

一、要以科学的态度,实事求是地讲述大战的基本史实及过程

这是加强历史感和时代感的重要内容和前提,它包括两方面含义:

第一,要如实地讲清楚大战的基本过程,注意史实及引用材料的科学性和准确性,让学生清楚地了解第二次世界大战的主要进程,这也是教学的基本目标之一。在讲述大战进程时,必然要涉及一系列重要的史实,如大战中的重大事件、重要战役、主要外交行动及相关历史人物等等。而关于这些事件、战役、行动和人物的各种史料、数据记载有许多,由于其来源、记录的角度、观点不同,往往内容相同却说法各异,甚至相互抵触;同时,由于史学的发展、许多陈旧错误的东西不断被新的成果所取代。因此,教师在教学中选用有关史料时,一定要慎重地加以考订和鉴别。又如,在二战中的中国战场上,1937年12月,日本

侵略军占领南京后,进行了惨绝人寰的血腥大屠杀,关于在这次大屠杀中殉难的中国同胞人数,有多种不同的说法和记载,特别是日本方面,有人否认或故意压低在大屠杀中的死亡人数。中国政府经过长期周密、详细的调查,确认死亡人数为30万以上,这是一个科学、准确、极有说服力的数据。又如,关于中国、苏联及欧、亚其他一些国家在二战中的伤亡人数、损失情况,目前也都有最新统计数据。教师在教学中应及时而充分地运用这些材料。再如,在目前的教学中,不少教师尽量创造条件,给学生放映一些有关第二次世界大战的纪录片和以二战为题材的故事片,以配合讲述,增强教学的直观性和真实感。然而,应该引起注意的是,这些影片有相当部分出自不同的国家或地区,由于其目的、观点及材料来源不同,其所反映的史事在科学性上存在很大差异,教师在选择或使用这类材料时,必须加以鉴别并在使用中予以说明。

第二,在讲述和评价二战中的重大事件时,不应脱离当时的客观环境和历史条件。列宁在《论民族自决权》一文中说:"在分析任何一个社会问题时,马克思主义理论的绝对要求,就是要把问题提到一定的历史范围之内。"

第二次世界大战发生在半个世纪之前，它是当时历史的产物。因此，在讲述大战中各个重大事件及行动时，一定要将其放到当时具体的历史环境中去，否则，就不能引导学生得出正确认识。

例如，对"慕尼黑会议"不能简单地说成只是英、法等国政府出于帝国主义本性而把"祸水东引"。而应看到，慕尼黑会议的召开及慕尼黑协定的签订，是有其深刻而复杂的历史根源和背景的；在20世纪30年代，欧洲各国许多人，对第一次世界大战带给人类的灾祸记忆犹新，在其思想上遗留着较强烈的对战争的恐惧心理，不少人希望避免战争；1929年至1933年发生的世界性经济大危机，给欧洲几个主要资本主义国家造成了严重的经济破坏和社会紊乱；一些西方国家由于忙于应付日益严重的内政问题，而在国际经济和政治交往中处于越来越软弱的地位、20世纪20年代形成的"凡尔赛—华盛顿体系"内部矛盾重重，西方各国的对德政策和在裁军问题上产生严重分歧，而各行其是。正是由于这些相互交织融合在一起的各种复杂因素的作用，导致了慕尼黑会议的结果。再如，

中国历史教学改革过程中的思考与探索

关于"雅尔塔会议"。这次会议是在1945年2月举行的，这时，德国法西斯已行将溃灭。会上美、英、苏三国政府首脑，经过激烈的争论，就战争及战后将面临的种种问题达成了协议。这次会议无疑对结束战争，特别是规划战后世界格局问题，起了带有决定性的积极作用，但它毕竟是当时历史条件下的产物，因而不可能预见到战后复杂多变的世界局势。同时，从会议内容中又明显反映出在大战结束前后，美、苏两国在战略格局上又处于大致均衡的状况，因此，在处理双方利益关系时，带有牺牲别国利益（包括损害中国人民的利益）的大国外交色彩，隐藏着美、苏之间还未表面化的深刻而复杂的矛盾斗争，这是战后导致美苏冷战的重要因素。因而，它又不可避免地带有很大的局限性。

由上述可见，这两次会议分别是在二战爆发前夕和战争即将结束这样两个不同时期召开的。讲好这两次会议的内容，对学生全面了解和正确认识二战及二战后世界格局的形成会很有帮助。因此，在教学中，教师不能只是照本宣科地重复教材内容，对其简单肯定或否定，而应该在自己深刻理解和领会的基础上，联系当时具体历史环境和条件，依据教材予以深入浅出的讲述和评价。

二、处理二战中局部与全局的关系,加强教学的整体感,培养学生全面思考问题的能力

第二次世界大战是一场规模空前的世界性战争,参战国家和地区众多,战场分布极其广泛,军事行动以及与军事行动密切配合的政治、外交等各方面活动非常频繁。但是,在中学历史教学中,不能对二战史事无巨细,面面俱到。因此,教师应该从全局出发,通过对二战中的重要局部,即一些主要事件及活动的讲述,引导学生对二战进行全面思考,以增强他们对这段历史认识的整体感。

例如,关于第二次世界大战的战场问题。伴随着战争进程,在全世界形成了欧洲—大西洋、北非—地中海和亚洲—太平洋等几大局部战场。在各大战场上,由于交战双方的各种情况及变化,又分为若干更小一些的局部战场。如欧洲战场,开始有西北欧战场、东欧战场,后来又有苏德战场;1944年,盟军在诺曼底登陆后,又开辟了欧洲第二战场。在亚洲—太平洋战

场，开始只有中国战场，后来又增加了东南亚战场、太平洋战场等。而中学历史教科书中对这些战场不能一一讲到，只重点叙述了欧洲战场中的苏德战场及西北欧战场、第二战场；北非战场；亚洲—太平洋战场中的太平洋战场及东南亚战场的情况。

教师在教学中，既要介绍各个战场的发展情况，使学生了解世界反法西斯力量在各个战场上的英勇斗争，又要使他们认识这些斗争不仅沉重打击和削弱了本地区法西斯的军事力量，而且对其他战场上的反法西斯斗争给予了有力的支援和配合，因此，它们都为整个反法西斯战争的胜利，贡献了自己的力量。

又如，在二战中，各国之间的政治、外交等方面活动很多，这些活动往往与军事行动密切配合的。如慕尼黑会议直接加速了大战的爆发；德黑兰会议确定了盟军在欧洲开辟第二战场的作战方针；雅尔塔会议和波茨坦会议，确定了对日作战和战后欧、亚及全世界格局问题；等等。教师在讲述这些内容时，不能就事论事，而应从全局出发，讲清楚这些具体事件在二战整体中的地位，以及它们与军事行动和其他事件的内在联系。

在中学历史教学中，处理二战中局部与全局的关系时，有一个问题笔者希望能够引起大家的重视，以便进行更深入的研讨，即在教学中如何处理中国抗日战争在整个二战中的地位以及中国战场与其他战场的关系问题。现行初中历史教学大纲和各套初中历史教科书对这个问题的处理方法是，将中国抗日战争放到中国历史中，而在世界历史第二次世界大战部分，主要涉及欧洲战场及其他战场。从适合教学的角度看，应该说不是没有道理的，但是如果从二战整体上看，目前这种分开叙述的方法，不能充分体现中国抗日战争是世界反法西斯战争的重要组成部分；对中国战场的抗日战争对其他战场抗击以至最后歼灭法西斯侵略势力所起到的重要支援和配合作用，也反映甚少，这不能不说是二战史教学中的一个很大缺憾。例如，1941年冬，当德军兵临莫斯科城下时，希特勒曾狂妄地要求日军从中国东北地区迅速采取配合行动，以期两军在西伯利亚铁路线上会师，从而实现其东西两面夹击苏联的目标。而日军在太平洋战争中暂时处于主动地位时，日本大本营则制订了一个攻占澳大利亚，夺取锡兰，与德军会师印度洋的计划。但是，不论是在日军的"北进"还是"南进"计划中，中国都正处于枢纽位置。随着战局的发展,日军"北进"或"南进"的战略意图,或是根本没有能够实现,或是在很大程度上受到遏制,这都是与中国人民英勇抗击并牵制了日本陆军主力,使其无力他顾分不开的。然而,目前教材中的这种处理方法,使这样一些重要内容及史实无法体现出来,这就使学生对二战史的整体认识和在学习中树立全局观受到了一定程度上的局限,因而这一问题有待解决。

要解决好这一问题,在目前,一方面需要教科书编者及有关人员在深入研究的基础上,找出更好的处理教材方法,另一方面更需要教师在教学实践中,通过适当调整和补充教学内容,进行讲述和讲解,来弥补这一不足。

三、要从立足现实、着眼未来的高度,总结和学习第二次世界大战的经验教训

第二次世界大战已经过去整整半个世纪了。我们给今天的青少年学生讲述这段历史,并不是为了让他们为学习历史而学习历史,应该立足于这样一个高度:

关于加强二战史教学的历史感和时代感

今天这一代青少年进入21世纪后,不仅要成为祖国的建设者和保卫者,而且必将会对全人类的进步与和平事业做出积极的贡献。因此,学习、了解历史,总结、借鉴历史的经验教训,对他们来说是非常必要的。

当第二次世界大战的枪炮余声还在地球上空回荡时,就有人开始思考战争的得失以及这场战争会给人类留下些什么。半个世纪以来,人们从政治、经济、军事、外交等各个不同角度,对人类历史上的这场空前大战进行了多方面、多层次的总结,可以说成绩斐然。我们在教学中,应当尽量吸取史学界的这些优秀研究成果,以帮助青少年学生从历史发展的角度深刻认识这段历史的重要经验教训,使他们受到历史的启迪。

在中学历史教学中,我们应当帮助学生至少从以下两个大的方面总结第二次世界大战的经验教训。

1. 全世界爱好和平的人民团结在一起,是维护人类和平的可靠保证。

第二次世界大战初期,德、意、日法西斯,凭借暂时的军事优势,采用突然袭击的手段,逞凶一时,曾给世界笼罩了一层恐怖阴云。但,这只不过是一种暂时的表面现象。当全世界爱好和平的人民和各种反侵略力量团结起来，在凶残的法西斯面前奋起战斗的时候，法西斯侵略者卑弱的一面就开始暴露出来了。世界反法西斯战争的胜利告诉我们，当世界的和平和人类自身的安全受到战争和侵略的严重威胁时，世界上一切爱好和平、进步的国家和力量，应该并且可以超越其政治制度和价值观上的差异，结成最广泛的国际统一战线，以维护世界的和平和稳定。这是第二次世界大战留给当代和未来人类的一份宝贵遗产。

在当代世界中，冷战的格局已经基本结束。但在新的格局形成过程中，由于世界性霸权主义、地区性霸权主义的存在以及其他各种复杂因素的影响，局部战争发生频繁，如果处理不好，便有可能发展成为大规模的战争，这是一个非常值得世界各国人民警惕的问题。在目前这种形势下，世界各国人民及各种政治力量，加强相互间的对话与合作，在处理各种世界性事务时求同存异，这对清除和预防战争，维护世界及地区和平，将起到极为重要的作用。

2. 为了维护世界和平，各国必须重视发展自己的力量，建设好自己的国家，使之繁荣、强大。

第二次世界大战的经验教训，清楚地说明了这样

关于加强二战史教学的历史感和时代感

一个道理,在一定历史条件下,落后就要挨打,落后就要成为被人宰割的对象。例如,第二次世界大战中,德、意、日法西斯对弱小国家肆意施暴,并屡屡得逞,这当然有许多原因,但是其中一个很重要的原因就是双方力量对比悬殊。又如,像法国这样的西方大国,在德国法西斯的进攻中也迅速败降,其原因之一就是战前法国工业发展速度缓慢,经常性的、周而复始的经济困境所导致的经济衰退,使其国力不振,从而影响了军事预算。再如,中国的抗日战争为什么是一场持久战?毛泽东在分析其原因时,也指出:日本"是一个强大的帝国主义国家、它的军力、经济力和政治组织力在东方是一等的,在世界也是五六个著名帝国主义国家中的一个。而中国是一个半殖民地半封建的国家……依然是个弱国,我们在军力、经济力和政治组织力各方面都显得不如敌人。"

在世界已经进入一个新技术革命时代的今天,世界各国,尤其是发展中国家必须放开眼界,赶上时代,振兴民族经济,壮大自身的力量。只有这样,才能使自己尽快摆脱落后状态,而同时又加强维护世界和平力量。也只有这样,才能真正建立和保持全球的战略平衡机制，预先制止战争的到来。中国是一个爱好和平，坚持正义，并在世界事务中能够发挥一定作用的发展中国家，当前我们的主要任务是使自己的国家尽快强大起来，只有这样，我们才能在当代和未来为维护世界和平，促进人类繁荣与进步做出更大贡献。要完成这一历史任务，则需要一代、两代，甚至几代人的加倍努力。

（原载《历史教学》1995年第11期）

试论基础教育改革过程中历史教学方式的变革

进入新的世纪,我国基础教育改革的步伐不断加快,义务教育新课程改革的实验规模正在迅速扩大,新的高中课程标准研制工作已进入最后阶段。在这场改革中,历史教学面临着巨大的考验和挑战,如何实现教育观念的转变,全面推进教学改革,促进教学方式的变革,是每一位历史教师在实践中需要落实和完成的重要任务之一。

历史教学方式是由学生学的方式和教师教的方式所组成的一个整体。长期以来,在我国的历史教学中,教学方式一直是一个未能得到很好解决的问题,其关键在于:学生学的方式与教师教的方式之间,存在着明显的对立,缺乏必要的融合,并且始终存在着重教轻学和不同程度的学为教服务的状况。其具体表现如：在历史课堂上，学生学习历史的兴趣和积极性得不到调动和发挥，在各地一些老师和历史教育工作者的调查中，许多学生明确表示喜欢历史，不喜欢当前的历史课；在历史教学中，学生被动学习的局面始终打不破，课堂上教师教什么，学生就学什么，教师怎样教，学生就怎样学，不少学生认为历史学习就是教师给归纳、总结课本，然后按教师的要求认认真真去"领会（背）""掌握（记）"，然后在考试中得到高分；在当前的历史教学中，传统的不许学生提问题的现象已不多见了，但是课堂上僵化的教与学的程序模式，或过分的学生"学习活动"，都极大地制约或误导了学生个性化思维的展开，人们所期望的那种真正生动、活泼、富有创造性的历史学习局面始终未能出现。造成上述状况的原因很多、很复杂，归纳起来，我们认为主要有三种：

第一，教育、教学观念的原因。长期以来，在我国的基础教育中，占主导地位的，是曾在世界近现代教育发展中产生重大影响的传统教育理论，该理论体系的核心，强调教育是人类已有知识和经验的传递，而在其背后支撑这一理论核心的一个极其重要的支点,就是在教育的功利作用影响下,突出了教育作为手段的功能。对教育的这样一种理念和认识,必然导致与之相适应的传统教学模式。在我国,由于各种复杂条件的相互制约,也曾出现过分看重这种"传递",并将与这种"传递"相适应的传统教学模式进一步强化的局面。特别是在当前整个世界发展中,物质财富的积累与精神财富积累出现不同程度失衡的情况下,教育往往仅仅被当作社会发展的手段,而受到人们的重视,这种时候,教育本身就是一种目的,教育是社会的一个不可分割的组成部分,教育与社会各部分之间互为手段、互相服务的观念就很难得到应有的关注了。在这种形势下,作为人文社会学科教学基础的历史教学要么被削弱,要么在"重理轻文"的潮流中迷失自我。这是历史教学方式问题长期得不到合理解决的根本原因。

第二,课程内容的原因。由于受传统教育理论的约束,在我国基础教育的历史教学中,一直过分注重课本知识,并且受学科本身特点的影响,尤为重视内容特别是结论的所谓"定论"。在教学中,教师和学生的教与学必须围绕着"定论"进行,学生学习过程中的思维亦不能违背这些"定论"。因此,在历史教学中,就很容易形成上述那样的以教师的教为轴心,学生被动的"记""背"为基础的固定、僵化的教与学的方式。

第三,教学评价的原因。由于受到教育观念、课程内容及其他一些复杂因素的制约和影响,在我国以往的基础教育中,全面、合理的教学评价机制和体系一直没有建立起来,考试替代了评价。在历史教学中,往往一张试卷及学生答卷的分数,成为了评价学生同时也是评价教师的唯一尺度,从而导致了应试和通过考试成为了学校历史教育的实际目标。这样一来,历史课堂上无论是教的方式,还是学的方式,都必须为这样一个目标服务。

综上所述,由于诸多复杂原因的影响和制约,长期以来,在我国的历史教学中,教师教的方式大都是灌输、给予式的,学生学的方式则是被动接受式的,这样一种状况的长期延续,曾极大地影响了我国基础教育中历史教学的发展。尽快改变这种状况,实现历史教学方式的变革,是当前整个历史教育改革的重要组成部分,亦是历史课程改革成功的必要条件和依托。

试论基础教育改革过程中历史教学方式的变革

当前的基础教育课程改革对历史教学方式的变革提出了怎样的要求,并力图提供什么样的条件呢?《全日制义务教育历史课程标准》(实验稿)的"教学建议"分别对学生的学和教师的教提出了明确要求:"以转变学生的学习方式为核心,注重学生学习历史知识的过程和方法,使学生学会学习。鼓励学生通过独立思考和交流合作学习历史,培养发现历史问题和解决历史问题的能力,养成探究式学习的习惯";"提倡教学形式的多样化,积极探索多种教学途径,组织丰富多彩的教学活动,充分开发和利用课程教育资源","注意教学方法、教学手段的多样化和现代化"。为了达到这样的目标,该课程标准在"基本理念"中提出"历史课程改革应有利于学生学习方式的转变,倡导学生积极主动地参与教学过程,勇于提出问题,学习分析问题和解决问题的方法,改变学生死记硬背和被动接受知识的学习方式";"历史课程改革应有利于教师教学方式的转变,树立以学生为主体的教学观念,鼓励教师创造性地探索新的教学途径,改进教学方法和教学手段,组织丰富多彩的教学实践活动,为学生学习营造一个兴趣盎然的良好环境,激发学生学习的兴趣"。

毋庸讳言，在改革实验过程中，历史课程改革所承诺提供的两个"应有利于"的条件真正落实，还要经过一番复杂曲折的努力，但当前的历史课程改革毕竟给历史教学方式的变革带来了必要的支持和动力。

在历史教学改革实践中，我们应该怎样具体进行教学方式的改革呢？

一是需要更新一些传统的观念。在一个社会中，教育是其中的重要领域之一，它与其他社会领域各自独立存在，但它们之间又相互联系，关系密切，构成一个完整的社会体系。在这个社会体系中，教育本身就是目的，而不仅仅只是手段。因而，过分强调教育的功利作用带有明显的危险性，就其功能而言，教育也不仅仅只是"人类已有知识和经验"的"传递"，它还应包括与这种"传递"相融的直接经验的获得，因此，任何僵化的教学方式都不能适应这种教育、教学改革的需要。

二是对历史教学方式的一些认识需要改变。首先，如前所述教学方式包括教的方式和学的方式，在历史教学中，二者相互依存，无论哪一方受到削弱，另一方也不会得到加强，我们切不可因为在过去过分强调教师教的方式,轻视学的方式,而在当前的改革中,反过来又过分强调学的方式,而轻视教的方式。在改革实践中,我们应该深入研究和揭示教与学方式之间的科学关系,特别是教的方式如何作用于学的方式。这直接关系到历史教学方式改革能否沿着正确的途径进行。其次,历史教学方式是学校历史教学这种特定活动的样式,它与历史研究虽然有着密切的联系和相通的地方,但二者之间确又存在着质的差异,因此,不能轻率地将二者等同起来,认为历史教学方式的变革,就是将历史研究引入历史课堂之中。应该看到,如果简单地把"历史研究"搬到历史课堂上来,将会使当前的历史教学改革面临步入歧路的危险。

历史教学方式既然是学校历史教学这种特定活动的样式,那么它的变革主要是指整个样式的改变,其中当然涉及方法、手段,但在笔者接触的一线历史教师中,有不少人将教学方式的变革仅仅理解为是在教学中变换一些方法、手段而已,从而满足于在不改变传统的教学样式前提下,使用一些新的手段或方法。应该看到,当前所进行的教学方式的变革,主要是指改变过去那种灌输给予和被动接受的教与学的方式，这其中包括了手段、方法的改进。最后，历史教学方式的多样化与否，是判断历史教学方式变革是否实现的重要依据。历史教学方式是历史教学活动的样式，其改变需要师生共同推动，因此，教师必须引导学生积极参与，如此才能实现历史教学方式的变革。只有教师唱独角戏，是不能真正完成历史教学方式变革的。

三是适度改变传统历史课程内容的结构，促进历史教学方式的变革。教科书是课程内容的具体化。因此，历史教科书对历史课程内容的呈现方式直接影响着历史教学方式的变革。在这方面，当前有两点亟待妥善解决。第一点，即"定论"问题。如前所述，在我国的历史教科书编写中，涉及的各种观点、结论的选取，是以其是否是"定论"为基本原则的。长期以来，在教学中，学生的思维实际上是围绕着这些"定论"展开的，这样的教科书选材模式在很大程度上，就制约了历史教与学方式的形成。但是，新中国成立以来，国内史学界对不同时期的历史教科书中所涉及的许多"定论"却是一再变化，对许多历史问题的不同看法、不同见解并立，许多历史谜团一时难以真正揭开，但这些在历史教科书中,却难以体现。因此,历史课堂上,教师和学生采用灌输给予和被动接受的方式,是与围绕"定论"而展开的教学相适应的。我们以为要想真正实现历史的教与学方式的变革,就需要对教科书内容中的"定论"适当有所突破,准许适度的不同史学观点和争鸣作为历史课程内容进入教科书,这样才有利于在历史教学中出现生动、活泼的教与学的方式。第二点,是教科书内容的表述方式问题。在当前历史课程的改革中,教科书的表述形式是改革的一个重要方面。有一种看法认为:历史教科书要具有可读性,就必须具体、有情节、生动、详细。因此,现行的历史教科书大都采用了直接叙述式的呈现方式,这样一种具体的内容呈现方式,又成为了制约历史教与学方式形成的一个重要因素。我们以为历史教科书的编写不应该是简单地刻意追求具体、情节和生动、详细,而是选材、呈现方式有利于学生提出问题,展开思维,有利于课堂上师生共同创造出多样化的教与学方式。

四是构建适应历史教学方式变革的教学评价模式。教学评价是直接反馈、调控教学过程的重要环节,它对采用何种教学方式起着直接的制约和导向作用,因此，在当前的这场教育改革中，人们在重视历史教学方式变革的时候，必须同时关注教学评价体系的改革，以考试替代全面教学评价的做法必须改变。《全日制义务教育历史课程标准》（实验稿）在"评价建议"中提出，教学评价"对改进历史教学、提高教学质量具有重要意义。在教学过程中要充分发挥教学评价的导向功能、诊断功能、激励功能和促进功能，促进学生学习能力和创新意识的提高"；同时还提供了可参考、借鉴的多种具体的评价方法。从中我们可以领悟出全面的历史教学评价对历史教学方式的变革所能够发挥的促进作用。

总之，历史教学方式的变革是当前基础教育中历史教育改革的重要组成部分，它与历史教育改革的各个环节有着千丝万缕、颇为复杂的联系。历史教学方式的变革不仅受到历史教育改革各个环节的制约和影响，同时又反过来制约和影响其他环节的改革，因此，我们要给予足够的重视。同时，在历史教学方式的变革中，教师起着非常关键的作用，这也是我们要给予关注的。

（原载《历史教学问题》2003年第1期）

历史意识的形成与现代历史课程的建构
——兼论历史课堂教学的改革

一、问题的提出

历史在今天有什么用？这是生活在现实世界里的人们，无论愿意或不愿意、意识到或没有意识到，都会时时碰到的问题。寻常百姓在茶余饭后将历史当作谈资，不分什么正史、野史，说到高兴之处眉飞色舞，争议之时则脸红脖子粗；在读的学生们会将历史表述为一系列各式各样的题，历史认识不过是寻求各种答案而已；一些政治家在很多时候，会把历史作为解读政治主张的素材、施政的工具；一些历史家会在历史真相探寻中，阐述着自己的见地与抱负。因而，摆在我们面前的现实是，当下世界各地发生着的任何一个热点问题，几乎都与历史割扯不断，都是历史与现实的纠结与缠绕。越来越多的人们认识到，历史是解决现实问题的一把钥匙。但是，怎样的历史才能成为这把钥匙，人们的看法和见解却各异。在这样的背景下，历史意识越来越受到人们的关注。然而，什么是历史意识？怎样形成历史意识？历史意识如何在人们思想、行为中产生积极作用？在对一系列相关问题的认知上，仁者见仁，智者见智。

再来看历史教育领域。当前，各国的历史课程与教学改革都遇到了不同程度的困难，效果不尽如人意。在找寻出路的过程中，人们的目光也渐渐聚焦在了历史意识上。但是，人们首先遇到的基础问题，仍然是历史意识是什么。其次是一系列具体问题，如：学生形成历史意识过程中的特点、历史意识与历史思维等的关系、历史意识形成的方法和路径等等。而这些问题的一个共同指向是在现有的历史教育体系和模式下，能否真正实现学生历史意识的形成。

历史意识的形成与现代历史课程的建构

上一个学期,我为一年级本科生开设了一门研讨课——历史认知导论。第一次课上讨论,一位同学率真的发言,就使我为之一震。当时,我的问题是:你们进入大学已经一个学期了,就你们个人的感受,能否说一说中学历史学习和大学本科的历史专业学习有什么不同?一位同学率先发言:我认为大学历史不如中学的历史好学,大学的一个学期下来,不仅问题很多,并且不得要领。我问他为什么,他回答的大意是:中学的历史学习,课上讲的课本内容具体;上课时,重点的地方老师讲得很清楚,好记好背,考试时,容易答题。大学的历史课,老师讲的内容听起来很多、很深,不画重点,听不懂,考试时不知怎么答题,一头雾水。他的话引起了上课同学不同程度的共鸣。下课了,还有同学一直追问:老师,历史课不讲教科书讲什么?

如此看来,在学校的历史教学中,学生历史意识的形成,绝不是一个认识了就能解决的问题。它涉及观念、习惯、语境、思维、教育模式的改变等一系列深层问题认识的变换,而这是一个复杂的系统问题。

二、对历史意识认知的梳理

什么是历史意识？查阅文献，学者们的表述不尽相同，观点亦有差异。例如，有学者认为"历史意识是将过去、现在以及将来之企望结合在一起的一种心灵活动"；[1] 有学者则把历史意识看作是"交织着解释过去、理解现在、预测未来的网"；[2] 还有学者说："所谓历史意识，从一般意义上说，它是人类在文明发展过程中产生出来的对自身历史的记忆和描述，并在求真求实的基础上总结经验、汲取智慧，进而把它用于现实生活的一种观念和要求"；[3] 也有学者认为，历史意识"一是要尊重历史传统，总结历史经验，汲取历史智慧，使我们在社会实践中减少盲目性，争取不重犯历史的错误；二是把历史趋势与现实的前途结合起

---

[1] 胡昌智：《历史知识与社会变迁》，联经出版事业公司，1988年，第25页。
[2] 〔德国〕博德·冯·博里斯《重视历史与道德评判，解释过去理解现在之关系》，台湾《清华历史教学》1996年8月号。
[3] 瞿林东：《历史·现实·人生——史学的沉思》，浙江人民出版社，1994年，第6页。

来考虑,使我们对未来既有谨慎的乐观,又有深沉的忧患;三是通过历史学的社会教育,可以明是非,别善恶,促进社会道德风尚和个人道德境界的提高"。[1] 关于历史意识的定义还有许多,此处不一一列举。但是,几乎所有关于历史意识定义的论述,大都具有一个明显的共同趋向,即以历史意识的外部表征作为解释这一概念的起点,这样自然就会导致纷繁多样的定义出现。而问题的关键在于,如何定义历史意识,既影响着人们对历史意识本身的认识,又制约着人们对历史的认知。

问题出在哪里呢?

首先,问题还是出在历史认识本身。笔者以为在当代史学发展中,人们越来越以"科学"为出发点来认识历史。其中,现代史学以科学为蓝本建构历史认识的模型,其典型的范式大致是"历史知识—历史能力—历史情感、观念"这样的架构;后现代主义史学则以"科学"为批判对象,对历史的客观性提出质疑,进而提出历史学与文学没有本质的差别。对当下并行

---

[1] 丁怀超:《历史意识与史学功能》,《安徽史学》1996年第2期,第88页。

的这样两种历史认识模式，笔者不愿做人们很熟悉、往往也容易做的价值判断。笔者只想指出的是，这两种看似对立的历史观点，其实具有两个很值得关注的共同点。其一，都是以科学为基点、从科学出发认识历史的，只不过方向不同罢了；其二，都与历史本身脱节，或以科学为蓝本建构历史认知，或与文学为蓝本建构历史认知。

因此，合理的历史认识应该回归历史的本位。这样我们不得不回到那个从有了历史和历史认识就一直困扰着人们的问题——历史是什么？当前较多的人比较认可的答案是：历史意识，不仅指过去的事实本身，更是指人们对过去事实的有意识的记录。但是，"过去的事实本身"和"对过去事实有意识的记录"毕竟有质的差别，这样的表述或多或少与构成事物属性的基本法则相矛盾。然而，在认识过程中，人们又会发现"过去的事实本身"和"过去事实有意识的记录"不可分割、相互关联，可是二者之间的具体关联如何？对这一关联怎样表述？对这些问题都缺乏深入、具体的研究。笔者以为，"过去的事实本身"和"过去事实有意识的记录"，不是组成历史的两个部分，而是构成历史的两个元素。两个元素之间存在着源和流的关系。即,"过去的事实本身"是客观的、静态的,它是"对过去事实有意识的记录"的源,离开了它,"对过去事实有意识的记录"无法存在;"对过去事实有意识的记录"则是"过去的事实本身"的流,它是主观的、动态的,离开了它,"过去的事实本身"亦无法作为认识的对象呈现。因此,说到底,定义历史,需要深入认识、揭示、表述"过去的事实本身"和"对过去事实有意识的记录"之间到底存在怎样的关联。

笔者以为,"过去的事实本身"和"对过去事实有意识的记录"两个元素之间,至少具有三重需要人们关注的关系。一是两者各自独立,共同构成历史;二是两者之间相互联系,互为证据;三是两者之间相互依存,离开了一方,另一方也就因失去了必要的条件而不能独自存在。

其次,需要认识和解读意识。关于意识是什么,目前的观点有很多,归纳起来,至少有以下共识或接近于共识,需要引起人们关注:

其一,意识是物质的产物,其具有客观性,不以人的意志为转移。意识是心理,因为意识是人脑的产物，这是人类区别于其他动物种群的重要标志。在生理学和解剖学上，已经取得了关于意识得以存在这一认识的重要的成果。一般来说，意识的客观性，是指意识依赖于物质而存在。只要是正常的人，就一定具有正常的意识，意识是人的大脑机制与外部事物发生复杂关系的结果。

其二，意识的产生是主观过程，是主观作用于客观的结果。虽然意识是人脑这一物质的产物，但是，意识的产生及其过程又是主观的。在人面对复杂的事物时，人脑中储存的以往意识与人脑对面前事物的感觉相互作用，从而产生新的意识。

其三，意识又是多元、多样的，不同的认识对象决定了意识的类别和层次。每个人大脑中的储存与对面前事物的感觉是各不相同的，因而人的意识在具有主观性的同时，也具有了多元性和多样性。对同一事物，不同的个人或人群可以形成不同的意识。

由此，我们可知意识是人类所特有的一种认知机能，其包含由物质与精神、内部与外部、行为与心理等构成的复杂动态关系。历史意识则是人类意识体系中的领域之一。

历史意识的形成与现代历史课程的建构

历史意识是人们面对历史时产生的一种心理。我们在阐释历史意识时,需要深入认识以下相关问题。

一是要深入研究和解析人脑面对历史这一特殊事物时,脑内神经会产生怎样的反应;历史意识形成的过程是怎样的。目前,这方面的研究几乎空白,研究成果自然也就罕见了。

二是要研究历史意识和其他意识的异同,特别是历史意识与其他意识的差别。在这方面,我们需要揭示的问题主要包括:历史意识与其他领域意识,如科学意识、文学意识、艺术意识到底有哪些不同;历史意识的形成需要哪些条件;这些条件具有怎样的特点。

三是要深入研究历史意识与各种具体历史心理活动的互动关系。目前在绝大多数的历史意识的表述中,意识往往等同于历史感、历史思维、历史情感等等。毋庸置疑,历史意识作为心理活动其与历史感、历史思维、历史情感等诸多心理活动一定是相关联的。但是,作为历史认知心理系统中的高级、宏观层次的历史心理活动,历史意识既不等同于其他具体历史心理活动,亦不能与其他具体心理活动并列,我们应当深入探究历史意识如何统摄其他具体历史心理活动的。

四是要在上述研究不断深化的基础上,逐步探索历史意识多元性与共性之间的关系,在历史意识多元发展的前提下,探寻历史意识的合理内核,以形成越来越多的历史意识共识,这是历史学真正实现发展与进步的动力与标志。

综上所述,历史意识是意识的组成部分。但是历史意识具有明显的特殊性。不了解和认识这一点,不对历史意识及其产生做全面的、从宏观到微观的研究,我们无法真正形成对人类发展和进步有意义的历史意识。

三、历史意识与历史课程编订

历史意识对人们认识历史,有着不可替代的重要作用。因而,其对历史教育的意义和作用巨大。越来越多的历史教育者对此从不同角度进行着解读或阐述。但是,历史意识通过怎样的途径和方式才能在历史教育中落脚,并在学生历史认知的形成和提升过程中真正发挥作用,这些问题还需要做深入的探讨。

当下,在中国内地的历史教育中,涉及学生历史意识的培养,似乎平台是历史课堂,责任和任务属于教和学,内容则是历史教科书。因此,很多见诸学术媒体的文章,所论及的大都是在历史课堂上教师应该如何组织教材,具体运用怎样的手段和方法,如何调动学生活动,等等。在历史教育中,有一个对形成和提升历史意识至关重要的问题,即历史课程的编订,却很少有人做全面、深入的研究和解析。

在现代教育运行体系中,课程编订是一个非常重要、承前启后的环节,课程的编订要充分体现教育目的,同时要制约、引领教学。因而,历史意识的形成和提升是历史课程编订要首先充分考虑的。具体来说,在某一个时段的历史教育中,历史意识如何定位、如何体现、如何落实等问题,都需要在历史课程编订的过程中加以认识和解决,然后在历史课程中得到具体体现。

在历史课程编订中如何突显出历史意识,这是一个难度很大,充满复杂性的课题。要做到在历史课程编订中突显出历史意识,需要在相对较长的时间里,不断对一系列课程编订进行修正,即需要在一个长时段的课程编订过程中,而不是在某一套具体的课程编订方案里完成。其中,有几个问题尤其要处理好。

第一,自觉完善对课程的认知。在当前的中国内地基础教育课程改革过程中,遇到的最大困难与障碍是教育理论建设方面的。长期以来,在中国教育发展进程中,大都采用了一种"拿来主义"的实用主义做法,因而始终无法摆脱"淮南之橘,淮北成枳"的尴尬局面。其中,在这次改革中,我们遇到了现代教育理论中的一个重要领域——课程论。由于长时期的缺失,我们对课程的认识很少、很浅,在本轮改革中,其弊病便不断显现。例如,对历史课程如何定位,不少人认为,如果中、高考历史科的比重大,就说明重视历史课,反之就说明历史课不被重视,很少全面、深入地合理论证历史课程在基础教育课程体系中的地位、功能。再如,对历史课程内容编订,人们的关注点大都集中在是通史体例好,还是专题体例好,很少触及怎样的目标需要怎样的内容、怎样的内容有利于实现目标;在课程资源建设上,人们的着眼点始终是历史教科书,而很少扩展到有利于认识历史的资源上面来。又如，在教学实践环节中，不少人认为历史教科书就是历史课程，所以校本历史课程编订就是编校本历史教材；新课程的教学注重学生课堂活动，不少人就认为这就是历史活动课程，课与课程不分、学科课程与活动课程不分。通过上述列举，笔者只想引申出与课程相关及其课程本身需要思考的两个具体问题。

其一，近代教育没有产生于中国，因而在中国近代教育形成和发展的整个过程中，大都是拿来，极少原创。但是，尤其是教育观念和教育理论，拿别人的东西很难说明和解决自己的问题。当前中国教育改革的最大困难，是真正实现全社会教育观念的更新，创建中国自己的教育理论。

其二，课程理论本身就是一个教育难题，至今人们对它仁者见仁，智者见智。但是关于课程的一些基本常识和原理，还是应当给予合乎逻辑的了解和认识。如前所述，在现代课程分类中，按照课程内容的不同划分，具体课程大致可以分为学科课程和活动课程，学科课程的内容是间接经验，即前人已获得的已知经验，活动课程则是学生获取直接经验。前者需要课堂，需要在引领中完成，后者则需要做的空间，在做中完成。由此，在教育科学的意义上，并不存在历史活动课程、数学活动课程、物理活动课程……其实，实践中出现的所谓历史活动课程不过是历史课程的课堂教学中，教师为了帮助学生更好地了解和认识某一个历史内容或历史问题，集中使用活动这一手段的方式，它的名称叫做历史课，而不是历史活动课程。此例特别告诉我们，在当前的历史课程的变革中，我们必须注重课程理论，特别是对历史课程理论的认识和研究，并有所创建才行。

第二，建构与形成、提升历史意识相适应的历史课程内容体系。长期以来，学校历史课程内容的选择、组合，基本是以所谓的历史知识为核心，以历史教科书为呈现形式的一种体系、架构。因此，在长期的历史教学中，逐步形成了"教教科书，学教科书，考教科书"的历史教学模式。在基础教育课程改革中，从刚进入21世纪至今，这一广泛运用的历史教学模式也没有明显改变。特别在近些年，有一种观点渐渐形成，即将当前的基础教育课程改革与高考结合起来，以实现改革的目标。此处，笔者不能展开对这个认识的批评。但是需要表明与此有密切关联的一个观点，在"教教科书，学教科书，考教科书"的历史应试教学模式下，很难真正实现引导学生逐步形成和提升以历史意识为核心的历史课程改革。因为这样的历史教学模式具有两个不可逆转的局限和弊端：一是持"历史教科书即历史""历史即历史教科书"的过窄认识，很难实现历史课程编订的创新；二是在这样的历史教学模式下，学习的主要方式说到底，只不过是各种类型的记和背，这样的学习方式，几乎对学生在历史学习中真正独立思考没有助益，而没有独立思考，就不可能形成历史意识。如此，建构以历史信息、历史材料为载体，以历史意识形成为核心的历史课程内容体系和结构，是创建突破传统历史课程编订模式的重要条件的基础。

第三，关注历史课程编订中的心理要素介入。历史意识属于心理范畴。历史课程编订，应如何从新的视角突破以传统知识为核心编订历史课程的模式，从课程编订这个环节就关注学生历史心理的发展？这需要深入研究一些重要的、基础性的历史心理问题。例如：历史心理是怎样产生的；历史心理产生的特殊机制是什么；历史心理的发展与提升需要怎样的条件；历史心理形成的方法有哪些；等等。然而，长期以来，人们对这些问题的关注远远不够，这方面的研究也很少。这不仅直接制约着历史意识的培养和水平的提升，也直接影响了历史课程的编订；从长远来看，还制约了历史课程理论的构建。

四、历史课堂与历史意识

如果将历史课程比作历史教育的一个完整大舞台的话，历史课堂就是这个舞台的前台，即舞台前方演出的那一块地方；前台直接面对观众，一幕一幕的作品场景，就在这里展开。只有拥有好的剧本——富有特色的历史教学设计，好的艺术家——历史教师，好的舞台保证——有效的手段、方法等等，再加上好的观众——具有一定素质的学生，才能保证一部好的作品的成功问世，这些环节缺一不可。历史课堂教学亦大致如此，如果历史意识的培养和提升是一个很有创意的教学剧本的话，如何唱好这出历史教学的大戏，就需要处理好以下几个问题：

第一,历史教学是什么。不同的人给出了不同的答案。结合教学的本质和特点来说,笔者认为,历史教学是创造,是引领学生感悟历史的一种创造。历史的"一度性"特点决定了历史不能复现,因而不能观察、不能做中学,人们是通过一定历史痕迹的积累建构历史;建构的历史与元历史之间一定具有不可弥合的差距,但是建构的历史又与元历史之间有着程度不同的契合。因而,历史教学离不开感悟和创造。历史意识正是通过教学中的感悟和创造得以形成和提升,离开二者,学生的历史意识是无法生成的。因此,当前的历史课堂改革不能只是关注多讲点还是少讲点,多活动还是少活动,这个手段好还是那个手段好,等等,不能过度纠缠于手段、方式。最迫切的事情是,基于课程的需求,设计和建构适合师生互动、实现创造的课堂平台,以保证历史意识的培养和提升落在实处,而不仅仅是一句口号而已。

第二,评价课堂教学有效性的标准是什么。当前许多人关注历史课堂教学的有效性,特别是将历史意识的培养与其关联起来。但是,在实践中,由于教学目的的不同,其有效性的标准很难确定,对不同的目的，需要不同的标准。如果以追求考分为目的，其有效性标准是一套体系，而以培养、提升历史意识为目的，其有效性标准则是另一套体系。将追求考分的目的与培养、提升历史意识的有效性标准结合在一起的运作，直接造成了目的与标准的分离、不相匹配，其结果是增加教学中的无用之功。见过这样的案例：有老师依据多元智能的理论，设计了历史课堂教学的方案，检验则以分数为标准，所谓的实验班与普通班对比的结果，实验班普遍成绩明显高于普通班，以此证明实验的效果。当前的不少文章也将历史意识的培养和提升纳入应试的体系，以为在以考试为实际目的的教学模式下，可以完成历史意识的培养和提升。笔者以为，这种所谓的"教学改革"其实与教学改革基本无关，不仅对历史意识的培养和提升起不到什么实质性作用，还会有意无意地对历史课程与教学的整体改革直接造成有形或无形的伤害。这种现象在当前的历史教学改革中大量出现，应当引起人们的重视。

第三，课堂上通过怎样的内容才能实现历史意识的培养与提升。中国基础教育走向现代、走向未来之时，"唯教科书"的一套从理论到实践的传统教育模式的坚冰，无论多么艰难也要破除。否则，中国教育的这一轮变革很难取得实质性的进展。历史教科书是历史课程资源的一种。在历史课程与教学实践过程中，对这一点，要尽快形成有利于变革的语境和共识，这是本轮历史课程与教学改革的一个节点。因为如果"教历史教科书，学历史教科书，考历史教科书"的模式不能有所突破，使历史教科书在历史教学中回归课程资源的本位，历史教学改革很难前行。如何实现从历史课程资源的角度定义历史教科书？一是重新阐释历史知识。这需要辨析知识的来路，厘清历史痕迹、历史信息与知识的异同，从而合理揭示历史认识的发生与发展。二是加快历史课程资源体系的建设。历史本身的"一度性"特点，决定了历史认识的间接性和主观性，人们在认识历史的过程中，不能直接面对认识对象，而是通过各种历史痕迹和前人建构的历史形成历史认识。历史课堂上，哪些资源及资源组合有利于教和学的展开，是需要深入论证和研究的。三是历史课堂要尽快自觉实现从教、学历史教科书转到利用教科书在内的一切历史资源，教、学历史的轨道上来。

第四，在教育改革中如何借鉴他人经验。笔者在澳门参加过一个关于中华传统文化承传与创新的教育论坛,会上一位发言者引述了前辈学者的一个论断:从20世纪80年代以来,在中国内地的基础教育改革中,形成的所谓改革经验成果至少数十种,但是,大都昙花一现,很少有能够在教育实践中站住脚的。笔者深以为然。在当下,历史教学改革中,出现的教改成果大都冠之以"××教学"之名。例如,"史料教学""历史情境教学""历史情感教学"等等,其中有一些是舶来品,"史料教学"便是其中一例。其实,教育借鉴他人是没有错的,问题就出在简单的"拿来主义"。发端于英国的"史料教学"来到中国后,已经被异化成为历史考试的工具。在课堂上,所谓的史料已经扩展成了材料;所谓的史料在教学中或被用来解读、证明教科书的某一结论,或被作为将来考试的史料解析题的例题而使用。这样一来,史料与历史认识之间的关系,史料对历史认识意味着什么,在教学中却很少有人关注了。以上是就这些成果个体来讲。就其群体而言,历史教学本身就是一个整体,在历史教学中,要充分运用史料,从史料入手积累历史痕迹;用历史痕迹建构历史情境(因为历史无法复现);在整个历史认识过程中,认识者的情感自然会不断受到触动、得到升华,这是形成历史认识的基本路径和方法。三者在教学中岂能分开?在基础教育的历史教学中,究竟有没有独立的史料教学?有没有独立的历史情境教学?有没有历史情感教学?史料教学中,就不能有历史情感教学吗?就不能有历史情境教学吗?反之,再反之,就构成了当前中国内地历史课堂中一个有史以来最复杂的、最难解的逻辑关系式。笔者遇到的许多历史老师在私下,对此常常表示不解和困惑。但一来到课堂上,却又信心满满地在这些模式下展开自己的教学。历史课堂会有人们期望的改变吗?这是笔者的困惑。

第五,在历史课堂上,教师是否是主导。教师是主导这个提法如果成立的话,教师自身的历史素养和专业水平,在很大程度上,决定着学生历史学习的方向和状态,以及学习最终达到高度。因此,面对一次深刻的历史教育改革,教师必须实现自身的转变,主要包括:历史教育观念的转变,历史教育理论的更新,历史专业素养的提升,历史教育、教学能力的提高。这些方面都应当体现在教学实践中。从某种意义上说,任何一次历史教育、教学的改革,都意味着历史教师一定要经历一次脱胎换骨式的转变与提升。否则,改革很难成行。

五、结语

历史意识的培养和提升,在中国内地本轮历史课程与教学改革中,渐渐受到人们关注。但是关注不等于解决问题,在历史教学中如何提升和培养学生的历史意识,还需要认识和处理课程、教学中的许多复杂而又重要的关系。本文只从历史意识与历史认识、历史意识与历史课程、历史意识与历史课堂等方面,对历史意识产生的史源、历史意识与意识的异同、历史意识产生的心理源,历史意识的形成和提升需要与之相适应的历史课程建构,历史意识的有效培养和提升需要历史课堂做出相应的调整和变化等,提出问题,并对其中一些问题提出些许看法。在笔者看来,基础教育的历史课程与教学是个全球性问题,如何让正从不成熟走向成熟的孩子们,深刻理解和认识他们永远不能直接面对的历史,还要从中受到各种启示,是一件多么不容易的事,如果,有谁将其表述为沿着一个预设而又简单的路径,很容易就能达到目的地,至少我不会轻易相信,因为我知道事情绝非那么简单。如果真是那样简单,教育的改革就不会如此艰难,也就不会让许许多多关注和探寻教育出路的人们,有时感到困惑和沮丧、艰难和无助。

(原载《21世纪全球历史教育的发展于展望》,社会科学文献出版社2018年版)

"影像历史和史学"与历史教育
——"影像历史与史学"跨学科应用的案例研究

自从1988年,美国历史学家海登·怀特在《美国历史评论》(*American Historical Review*),提出了"Historiophoty"的概念以来,人们对"影像史学"的关注度越来越高,在历史学发展相对传统、稳定的东方更是如此。但是,时至今日,关于"影像史学"还有许多问题需要深入地探究和阐释。例如,对影像历史的原理认知、影像历史的理论建构、影像历史的运用、影像历史跨领域的作用等等。本文旨在对影像历史与历史教育之间的关联、影像历史在历史教育中应当发挥怎样的效用,作一些探讨,以为人们对"影像史学"

的跨学科功能和作用的认识这一新领域,起些许补白之作用。

一、探源

对海登·怀特的"Historiophoty"一词,如何译成中文,初始即有异议。有学者将其译为"影像史学",并得到相当广泛的认同;有学者持不同意见,认为译为"影像历史"更为贴切。其实,这个概念的翻译,与海登·怀特的另一段表述的翻译相关。在阐释"Historiophoty"这一概念时,海登·怀特有如下一段话:"the representation of history and our thought about it in visual images and filmic discourse",其中,"representation"一词,或译为"论述",或译为"话语"。但是,该词的原义广泛,既有论述、话语的意思,也有表现、代表、描写的意思。因此,在翻译成中文时,如果着眼于史学角度,译成"论述、话语"等相关意思较为妥帖;如果着眼于历史,则译成"表现、描写"等相关意思更为合理。将带有这一词的整句话译成汉语,当以"以视觉影像和影片的描写和论述,来传达历史以及我们对历史的见解"更为妥帖。笔者以为,海登·怀特这句话所要表答的是一个宽泛的意思,我们在翻译这句话时,不能离开海登·怀特的历史意识和语境,只有这样才有可能更为接近海登·怀特的原意。毕竟,"影像史学"也好,"影像历史"也罢,这只是海登·怀特贡献的一条认识历史的路径。

在上述基础上,我们再来讨论"Historiophoty"的翻译。

首先,我们还要关注句子中的"history and our thought",其译成中文,即"历史以及我们对历史的见解"。需要注意的是,中文的"历史"和"历史的见解"含义各不相同。因此,译成中文时,"影像历史和史学"的表述更为合乎原句,虽然这个表述看起来重复又似有累赘感,但那是语言之间进行转换带来的经常性的问题。

其次,从海登·怀特的原意出发,我们在中文表达中,可以并用"影像历史"和"影像史学",这是因为在当下实践中,属于历史范畴的影像,既包括影像的历史,即历史过程中,用影像记录下来的史事,也包括影像的史学,即用影像阐释历史和传达对历史的阐释。因此，笔者以为，用"影像历史和史学"来表述比较恰当。

第三，影像历史和史学是一个独特而又宽阔的学术空间。在这个空间里，影像本身具有明显的两重性。首先，它具有史料的性质。影像是录影、摄像设备运用的结果，这些设备通过产生影像，直接记录发生过的现象和事。其次，它具有研究的性质。录影、摄像设备总是由人操纵的，人可以用它们来表达见解、看法和认知。

第四，作为认识历史的新路径、新领域，在建构的初始阶段，不要过早陷入争论，有志向和兴趣进行影像历史和史学的研究者，要埋头探索，求同存异，在做了充分的、富有成效的研究之后，让成果来说话，用成果争辩，这是更好的学术。

影像历史和史学作为历史学的一个新领域和分支学科，其完善还要经过一个相对长的过程，并面临一系列复杂的，需要论证、解析的问题。其中，亟需解决的问题主要包括：

一是观念的转变。从人类文明诞生开始，文字一直是人们记录历史、表达对历史见解的唯一工具。随着社会的进步，以科学为基础的成像技术出现并不断发展，为人们认识历史提供了新的工具、路径和内容。在当前的影像历史和史学建构中，在观念上，我们要对其有足够的认识。在历史学中，影像历史和史学应当具有独立的地位，不论其量或多或少，其质是与文字历史和史学相等同的。因此，从观念上我们要摆脱影像历史和史学只是文字历史的附属物这种认识。

二是理论建构。作为史学分支学科，影像历史和史学必须有自己的理论——从实践中概括、抽象出来的关于本学科认知的系统结论。没有理论建树，影像历史和史学很难在史学中立稳脚跟。

三是对象的确认。任何一门科学或学科，必须有明确的、特定的研究对象。在确认影像历史和史学研究对象时，我们应当确定其内涵和外延，不能过于宽泛，无所不包，凡与影像历史和史学本身历史沾边的影像统统囊括，如历史题材的影视作品属于影视艺术，其与影像历史和史学有着质的差异，不能纠缠不休，特别是不能从史学的角度要求历史题材的影视艺术作品。同时，我们还要注重从不同角度对其分类，如从内容角度可将影像历史和史学分为直接的历史记录、间接的历史记录、对历史的见解;从技术手段角度可将影像历史和史学分为绘画历史、照相历史、电影历史、摄像历史等。

四是影像语言的建设。如果我们确认影像历史和史学是历史学的分支学科,我们就需要考虑这一学科内容的语言表达问题。书写的历史依赖于文字语言,影像的历史则依赖于以"光电信息和机械技术"为基础的"影像语言"。在影像历史和史学的发展过程中,影像语言自身的发展也要经过一个从形成到成熟的过程,其间,需要加强影像语言的科学性、影像语言的规范性、影像语言的系统性、影像语言的确定指向性和丰富性等。只有成熟的语言,才能传递准确的信息,传达完整的见解,交流意识、思维和情感。

影像历史和史学的未来,还要面临很多困难,其走向成熟的路还有很长。

二、历史教育中的影像

在历史教育中,使用影像由来已久。中华人民共和国成立以来的60余年间,广泛意义的历史影像从没有离开过历史课堂。但是，在大多数的时间和空间里，历史影像大都是或作为补充材料或作为教育的手段、工具出现在课堂上。

有的老师认为，讲"诺曼底登陆"这段历史时，需要给同学们讲明为什么苏联一再要求盟国开辟第二战场，而盟国却一再推迟发动登陆战，以及发动登陆战的意义等。如果单纯运用教材，固然可以讲明白，但是这样既费时又费力，而且学生印象不够深刻。因此，这位老师在课堂上，先把上述问题给同学们提出来，然后让同学们欣赏电影《诺曼底登陆》和《拯救大兵瑞恩》的相应电影片段，让同学们到电影中去找到我们所需要的答案。这样不需要老师过多讲述，上述问题的答案就不言自明。这样既减轻了老师的教学负担，又起到了应有的教学效果。

还有老师认为，历史题材的影视作品有助于培养学生的爱国主义、集体主义、英雄主义以及国际主义等主流价值观。很历史题材的影视片，尤其是反映古代和近代政治斗争的影视片，无论以人物还是以事件为主要叙事线索，均强调"寓教于乐"的重要功能，学生通过观赏了解有关情节，可以加深对历

"影像历史和史学"与历史教育

史教育过程中有关情感、态度和价值观的感悟,通过欣赏银幕上历史英雄人物的言行,领略推动人类社会文明进步的重大历史事件,提高自身的思想认识水平,从而达到素质教育强调的历史情感教育的目的。学习"甲午中日战争"时,把电影《甲午风云》中邓世昌和全舰官兵追击日旗舰的片段展示给学生,邓世昌那视死如归的爱国英雄形象就会深深地烙印在学生的脑海里。

又有老师认为,"近代工业的艰难起步"一课,时间跨度大,内容枯燥,理论性强,使用影视教学很有必要。同时,本课可选择影视资源较多,如有关洋务运动、太平天国、曾国藩、李鸿章、陈启源缫丝厂、甲午海战、张謇实业救国等的各种影视片。这么多资源,在教学时,不可能一一使用,应该精心取舍。这位老师以新课标要求为指导,剪辑了两段资源。一段导入时播放,耗时三分钟,内容是关于"洋务运动在近代工业上的贡献";一段在授课中间播放,耗时五分钟,介绍"张謇的一生及其兴办实业的业绩"。这两段前后呼应,展现大量实物影像,再现许多著名历史人物、场景,关于张謇的纪录片还介绍了他在关心教育、爱国忧民等方面的史实。他认为，这在培养学生爱国情操价值观方面，可以起到良好的效果。

从上述举例可以看出，在一个较长的时间段中，有关历史的影像虽然频现历史课堂，成为教师和学生都喜欢的内容。然而，却始终没有上升到影像历史和史学的高度。因此，实际效果堪忧。

如前例所述。长期以来，在历史课堂上，许多老师讲到黄海海战时，都要使用电影《甲午风云》中北洋水师管带邓世昌，指挥致远舰，开足马力冲锋撞击日舰吉野号，不幸中途中鱼雷沉没的片段，配合教科书的内容，以加深学生对这一历史情节的认识。该影片用影像技术和电影语言，将那段历史具体化、形象化，流传甚广，影响甚深。但是，最新研究证明，在海战进行到下午 3 点 20 分，也就是按照传统说法，致远舰沉没之时，日本联合舰队第一游击队正在战场的南方转向，"意图与本队形成十字交叉炮火"，即第一游击队正在北洋舰队的背后，想要和位于北洋舰队前方的联合舰队本队形成对中国军舰的交叉射击。此时，如果"致远"冲出队列想要撞击"吉野"，非调转 180 度方向不可，因为"吉野"事实上位于"致远"的舰尾后方，而横在北洋舰队舰首前方的其实是日本联合舰队的本队。研究者们依据掌握的史料，还原历史场景，认为致远舰向前冲击的目标不是吉野舰，而是日本联合舰队的本队，这一举动事实上要比冲击第一游击队更为壮烈和危险。与日本第一游击队仅"吉野""秋津洲"两舰装备有速射炮的情况相比，日舰队的本队则有包括了日本联合舰队旗舰"松岛"号在内的4艘装备有大量速射炮军舰，邓世昌指挥"致远"舰在最后的航程中所面临的是恐怖至极的炮火打击。

这一研究结果的主要意义在于：

一是学者们在研究中，广泛、扎实地收集证据，并在此基础上，运用历史模拟法以兵棋推演的形式最大限度地"复原"了一段历史情节。二是这一研究结果，颠覆了长期以来在我国流传甚广的一种观点：黄海海战中，邓世昌指挥致远舰在撞击日吉野舰途中，致远舰中鱼雷或炮弹，全舰将士壮烈殉国。此次研究证明，海战中，邓世昌指挥致远舰冲到日舰队本队前方，承受了敌舰炮火的猛烈攻击，事实上为己方舰队减轻了压力。这证明邓世昌是当时北洋水师中一位军事素养很高的舰长,并且具有大局观和置生死于度外的英雄气质,而不是一个蛮勇无谋的海军管带。三是今后,在叙述或考辨黄海海战中邓世昌指挥致远舰战斗的过程时,如果要有更新的认知,无论是在史料收集整理的广度、深度方面,还是在分析的思路、视角方面,都需要对当前的研究有所超越。四是对待历史题材影视作品要有一个客观实事求是的态度。历史题材影视作品属于影视艺术,不属于历史学范畴,不能苛求于他。关键是在历史课堂上运用时,要慎而又慎,尤其不能将其作为影像历史和影像史学使用。

综上所述,在历史教学中,历史题材影视作品不能等同于亦不能替代影像历史和史学。

进入21世纪,在世界各国基础教育课程改革的大背景下,中国历史教育的变革势在必行。与此同时,历史学进步所产生的成果,也源源不断地为历史课程与教学增添新的内容。在当下的历史教育实践中,如何将"影像历史和史学"引入历史课堂,建构一个更适合师生互动的教学平台?这是值得深入研究、论证的课题,它绝不是将长期以来人们所使用的"历史题材影视作品在历史教学中的运用"换成"影像史学在历史教学中的运用"那样简单。

三、影像历史和史学对历史教育的促动

影像历史和史学的出现,不仅为历史研究开辟了一条新路径,也为历史教育拓展了新的视野、提供了新的内容、开辟了新的路径。但是,影像历史和史学进入历史教育,是一个非常复杂的过程,必然会遇到许多问题。概括起来,有以下要点:

其一,更新长期以来在我国历史教学中普遍存在的"历史题材影视作品在历史教学中运用"的传统观念,逐步树立影像历史和史学是历史和历史学的重要组成部分,因而它也是构成历史课程与教学内容的重要元素的观念。在此基础上,展开全新的历史课程与教学的编订和设计。

如上所述,在长期的历史教学中,用作传统观念的具体体现的"历史题材的影视作品",其主要内容是历史题材的影视艺术作品,如历史题材的电影故事片、历史题材的电视连续剧等。真正作为历史内容或用镜头解释历史的影像内容,或运用得很少,或运用得很

随意，根本起不到应有的效果。在这一传统观念更新的过程中，要逐步认识到影像历史和史学是历史教学的重要内容，而不仅仅是手段、工具或补充材料；运用影像历史和史学的目的，也不仅仅是加强教学的直观性、提高学生的兴趣。作为内容本身，影像历史和史学进入历史教学，有着深远的意义。

首先，影像历史和史学的出现，会在很大程度上改变作为学科课程的历史课程模式，以利于在原有历史课程的基础上，建构符合未来历史教育发展的历史课程体系，为在课堂上教学的充分展开，提供更为宽阔、更为合理的平台。作为传统历史课程核心的课程内容的呈现，主要是采用文字书籍的形式，书籍确实适合在教室里，教师讲学生听。而影像历史和史学的内容，用传统的讲、听形式，显然就不合适了，而更适合教师和学生进一步使用多媒体工具和手段，共同模拟、"复原"、阐释。这就需要未来的历史课程编订要有所创新、有所改造。因此，影像历史和史学进入历史教育领域，绝不再是传统的"……在教学中运用"模式，其一定要进入课程编订的视野，成为课程要素。

其次，影像历史和史学的出现，会渐渐打破传统的历史教学内容呈现方式。在当下，我们的历史教学内容，就是文字的历史教科书，当以影像书写的历史内容进入历史教学后，会极大地丰富学生学习的内容，这也为历史教材的多元化开辟了新的路径。提到影像历史教材，可能不少人会不以为然，但是当影像历史和史学越来越受到人们的重视，其地位日益与文字历史和史学并重的时候，属于创新事物行列的影像历史教材的建设进入人们的视野，就成为了可能。历史内容的多样化，必然需要与之相适应的呈现方式。如何建构影像历史教材还是一个构想，其从观念到现实中间，一是需要一个很长的充分论证过程，二是需要一个复杂而艰难的编写（不是用笔而是用镜头）过程。但是，如果影像历史和史学挺立在世人面前的话，至少给了我们以希望。

再次，影像历史和史学的进入，如果对历史课程和教学的变革产生积极作用的话，历史学习的测量和评价也一定会发生与之相适应的变化。当学生在教师的引领下，自主的用镜头寻找历史、记录历史、书写历史和分析镜头中的历史成为历史教学的一种方式时，学习的测量与评价亦会随之发生变化，测量与评价形式不再拘泥于纸制试卷、标准答案、文字书写、分数。镜头会成为学习测量的工具，记录的对象将成为试卷，影像会成为开放的答案，这些都预示着将无法用量化的分数来做评价。因此，影像历史课程与教学一旦形成，会对当前单一的标准化纸制考试模式的变革产生推力，从而推动历史学习测量与评价的进步。

其二，历史教育者要树立关注和跟进史学发展的意识，自觉地提升对影像历史和史学的认知，在教学中自主、合理地运用影像历史和史学的各种成果，以全面提升历史教学的效能。

首先，要了解并掌握影像历史和史学的动态。自海登·怀特提出影像历史和史学至今，研究它的人越来越多，其内涵越发深刻，外延亦不断拓展。其间，由于各国研究者的学术背景不同，思维模式不同，认识的角度不同，歧议也就产生了。作为历史教师，应当及时了解和掌握在这一过程中影像历史和史学发展的路径和脉络，了解歧议产生的动因。在此基础上，逐步形成对影像历史和史学的整体认知。这是教师能够在教学中自主利用影像历史和史学成果的前提和条件。

其次，要了解和掌握影像历史和史学的研究成果。到目前，影像历史和史学已经有了一批研究成果，教师需要对其加以辨析、选择、组织才能引入历史教学，这是一项复杂而又体现自主性的工作。其既要求对影像历史和史学有深入的了解，又要求对历史教育目标有全面的认知。

再次，要选择其中某一个问题做研究，以之为范例。长期以来，基础教育的历史教师习惯于"拿来主义"，即从史学、史家那里索取所谓成果用来教学。但是，史学发展到今天，很难给历史教育提供所谓的"公认的""大多数人认可的"成果。对一个历史问题，往往仁者见仁、智者见智，在史家那里会有各种解读，因而各种观点并存，一些教师不知所措，只好照本宣科，很少有所拓展；另一些教师则热衷于在判断对错中，进行所谓的成果选择和运用。当下，影像历史和史学在自身发展过程中进入历史教学，无形中也给广大历史教师提供了一个自主提升专业能力的机遇，同时也给了老师们一个摆脱"拿来主义"的机会。笔者以为，在影像历史和史学引入历史课程和教学这件事上，更多的应该是发挥教师的能动性和创造力，大力提倡教师从影像历史和史学研究过程中形成的诸多问题中选择一二，展开独立探究，从而真正达到提升自身专业水平的目的。要做到这一点，教师须要重视开发与提升自身对问题的研究意识和能力。

其三，在教学中，创建有效的运用影像历史和史学内容的方式、方法，以其作为改造历史课堂的一把钥匙，推动历史课堂向着充满活力、有利于师生互动、有利于学生动手和自主思考的方向发展。

在当下的历史教学的改革中，教学手段、方法的改革是绝大多数一线老师的关注点。在改革实践中，笔者遇到许多老师自觉或不自觉地将微观方法改革当成了教学改革的重中之重。在课堂上，好像教师少讲、学生多活动，教师多问问题、学生多回答问题，整堂课尽量多地使用多媒体课件等就是教学改革。其中，关于多媒体课件的使用，坦率地说，泛滥之势已渐呈现：一节历史课，老师从头到尾演示课件，教师的讲，逐渐降为了解说课件的辅助地位；课堂上，在过量的历史多媒体课件内容演示中，影像的内容，大都一带而过，很少有教师引领学生充分细致地解读、分析课件中的影像，并对其中的问题展开思考。在这样一个不变的模式下,影像历史和史学的内容很难真正进入历史教学,并发挥作用。在影像历史和史学的背景下,历史课堂模式的改变,除了前面所述的课程编订需要创新、教材建设需要更新之外,还需要解决在课堂上如何使书写的历史与影像的历史相融,以改变传统的单一文字历史主导课堂,历史题材的影视作品只作为一般辅助材料而运用于课堂的境况。在未来的历史课堂上,影像历史和史学的内容应该与文字历史和史学的内容一起成为学生思考和认知的对象;这也是改变当前"教教科书,学教科书,考教科书"模式的有效途径之一。

四、结语

综上所述,影像历史和史学要进入历史教育领域,实现跨学科应用,还有一系列问题有待处理。毕竟20世纪后期产生的"影像历史和史学"是一个新生的事物,作为历史学的一个新领域,其本身需要完善的地方有很多。

当前,在历史学和历史教育不断进步和发展的背景下，历史教育要将影像历史和史学引入其中，充分运用其研究成果，提升历史教育的质量，就需要改变自身。从观念的更新到理论的建构、从课程的编订到教学的设计，涉及方方面面的问题，而不仅仅是给原有的"历史题材影视作品的运用"换个"影像史学"的名称那样简单。

新一轮基础教育课程改革背景下，历史教育如何从原有体系和模式的困境中脱身，实现自身的进步与发展？或许影像历史和史学的进入不仅可以提供一条路径，更可以提供一个很好的范例，为今后历史教育改革和进步提供有益的启示。

（原载《中学历史教学》2019年第1期）

《普通高中历史课程标准》专题研修：高中历史教学方式的转变

进入高中以后，学生在生理不断成熟的基础上，知觉、思维、智力、性格、情感等主要心理特征的发展也逐渐加快。高中学生心理的这些变化，直接影响了他们的历史学习。《普通高中历史课程标准》在制定过程中，充分考虑到学生的特点，对教学方式的要求，既注意与初中的衔接，又在初中基础上有所提高。在高中历史新课程的教学中，需要教师在正确领会和把握《普通高中历史课程标准》精神的基础上，创造性地灵活运用与新课程相适应的教学方式。

本专题分为以下四个研修内容：高中历史教学为什么要转变教学方法；教师在高中历史教学中应充当

哪些角色；学生在高中历史学习中，都有哪些基本的学习方法；高中新课程教学中，历史课堂学习会有哪些变化。

一、为什么要转变历史教学方式

当前，我国普通高中新课程即将开始实验，这使得各门课程的教学面临巨大考验和挑战。高中教师能否在更新教育观念的同时，在教学实践中真正实现教学方式的转变，就将成为关系整个高中教育改革成败的重要环节。

在高中历史新课程的实施过程中，为什么要转变教学方式？关于这个问题，我们可以在当前的基础教育实践中寻找到答案。广西省的一位中学历史教师，曾就中学生历史学习兴趣的有关问题，进行了问卷调查和分析。

《普通高中历史课程标准》专题研修：高中历史教学方式的转变

[材料1]

关于中学生历史学习兴趣的调查和分析[1]

笔者向广西全省18所中学分发了1300份问卷，共收回问卷1202份，有效问卷为1126份。其中高中收回有效问卷为676份，初中收回有效问卷为450份。其中"学生喜欢的教学方式"从调查统计结果来看（高中、初中综合百分比），依次排列为：结合教学内容到博物馆或历史遗址参观、考察（68.7%）；利用多媒体进行教学（56.1%）；组织课堂讨论（45.1%）；老师讲，但学生也要参与教学（40%）；老师多讲些，主要讲得生动就行了（35.4%）；学生也要进行活动，如角色扮演等（33.2%）；老师提问，学生答（18%）；老师划重点，学生背熟重点（16.95%）；老师讲题目答案，学生背答案（7.1%）；老师少讲，主要自己看书（4.9%）。说明了学生不满足于传统的教学法方式，不满足于封闭式的课堂教学，希望主动参与学习，进行研究性学习，希望通过现代教育技术创设最佳教学情境，再现历史画面。

---

[1] 摘自北京师范大学历史系中小学骨干教师国家级培训班学员论文《中学生学习历史兴趣调查及教学策略》

> 活动卡 1
>
> 1. 作为高中历史教师，在教学实践中，你是否做过同类的调查？得到了什么样的结论？
>
> 2. 你对当前高中历史教学中的教学方式现状满意吗？
>
> 3. 高中历史教学方式需要转变，你认为其主要原因是什么？在实践过程中可能存在什么问题？
>
> 请将你对上面问题的思考，与同行交流，并展开研讨。

[材料2]

来自学生方面的情况

（1）一位学者对北京5所中学的500名高中学生的历史学习情况进行了调查，对"你喜欢历史课吗？"这一问题，有96%的学生的答案是：我喜欢历史，但不喜欢历史课。

（2）相当多的高中学生认为，高中历史学习主要是为了高考而记、背。

（3）相当一部分高中学生，在历史课上做其他课程的功课。

活动卡 2

1. 您认为上述情况与历史教学方式有联系吗？

2. 作为高中历史教师，您对学生中所显示出来的状况有何感想？

3. 您认为历史教学方式的转变有利于上述状况的改变吗？

学习要点：

在学校教育中，教学方式不能孤立地存在，它要受到多方面因素的影响和制约。其中主要的影响和制约因素有：

（1）受课程改革需要的影响和制约。要认识在高中新课程中为什么要转变历史教学方式，需要了解高中历史新课程的相关变化。即高中历史新课程对历史教学方式提出了哪些具体的要求，并力图提供什么样的条件。

（2）受历史特点和学生历史认知发展的影响和制约。与其他学科的内容相比较，历史内容大都具有过去性和一度性两个明显特点。在历史教学中，这一特点决定了学生所学的绝大部分知识，不仅学生不能通过观察直接面对学习，即便是教师也没有直接接触过。这就决定了在学生的历史认知发展过程中，认知的主体即学生始终不能面对学习的对象，因此，在历史教学中，更需要建构带有自身特点的、合理的学与教的方式，多角度、多层次地"再现"历史，从而激活学生的历史思维。

（3）受历史教学手段和方法发展的影响和制约。任何一种教学方式的存在和运行，都与一定的教学手段和方法分不开。教学手段和方法的进步与发展，直接影响到教学方式的变化。例如，计算机多媒体和网络等手段在历史教学中，越来越广泛的使用，从而在教学中形成了一些具体的新方法。这些新手段和新方法的运用，已经导致历史教学程序开始出现变化。

《普通高中历史课程标准》专题研修：高中历史教学方式的转变

[阅读材料 1]

"教导式"与"培养式"教学方式

（教学中）教师常常在被称为教导式和培养式这两种教学方式之间摇摆。当教师把主要注意力放在教学内容上，认为他的主要任务是以最有助于他讲授和学生理解的方式组织教材时，他采用的则是教导式的教学方式。这种方式的特点是教学的正规化、有条理，学生从权威那里获得信息。培养式教学的重心放在学生身上，而不是在教材上。采用这种方式的教师的学术水平并不比采用教导式教学的人差。他优先考虑的教学问题是了解学生，扶植他们成长。这种教学方式的特点是学生主动参加教学活动，教师注意学生全面发展。

（摘自中央教育科学研究所比较教育研究室编译《简明国际教育百科全书·教学下》，教育科学出版社 1990 年版）

[阅读材料 2]

当前教学方式存在的问题

当前，课堂教学仍然是我国最基本的教学组织形式，但也是传统教学思想统治最牢固的阵地。传统的注入式、填鸭式的教学，使学生处在不动脑筋的被注被填地位，扼杀了学生的主体作用，窒息了学生的聪明才智。我们知道，教学活动是一种在教师指导下的学生认识活动……教师在教学中应该抛弃注入式、填鸭式，运用启发式，引导学生自己操作学习活动，阅读、观察、实验、思考、探索、发现。

（摘自 http://www.chinaschool.org《优化教学方法，提高教学质量》）

研修建议

活动1：高中历史教学中，为什么要转变教学方式？

活动目标：在个人思考的基础上，与他人交流对这个问题的看法，从而提高转变教学方式的自觉性。

活动时间：60分钟。

活动材料：活动卡1、2；阅读材料1、2。

活动步骤：

（1）研修者通过阅读本专题提供的材料，深入了解本专题问题的背景。

（2）请研修者回答活动卡1、2的问题，并进行交流。

（3）主持人组织各组之间的交流。

（4）主持人进行简要小结。

提示：关于怎样定义教学方式，教学方式与教学手段、教学方法之间有着怎样的关系，目前学界有不同的看法。但是，教学方式与教学手段、教学方法之间有着密不可分的关系，是大家所公认的。在研修过程中，主持人应侧重引导大家从这种关系的角度入手，探讨教学实践中需要解决的问题，切不可简单陷入概念的争论中去。

二、教师在教学中应充任哪些角色

从本质上讲，教学活动属于人类认识活动的范畴。然而，教学活动又不同于一般的人类认识活动。就一般认识活动而言，认识的生成需要三个要素，即认识的主体、认识的客体、认识的手段和方法。但是，在教学这种认识活动中，认识生成的要素有四个，即学生、教师、学习内容、教学手段与方法。长期以来，对教师与学生的关系问题，在理论的层面上，始终没有就教学中教师和学生的地位问题，形成一个公认的、科学的认识；在教学实践中，教师与学生的关系始终处于对立的状态，教学是以教师为中心展开的。

[材料3]

下面是来自教学一线的历史教师在教学过程中的感受：在传统的"满堂灌"式的历史课堂教学中，教师是课堂的主角，进行着生动的或者乏味的表演，而学生则是各种类型的观众，他们或静听默记，或漫不经心，一心以为"鸿鹄将至"，抑或进入半睡眠状态，课堂中很少有双边活动，课堂气氛消极散漫。因此，让历史课"活起来"，实现师生的角色转换势在必行。

[材料4]

历史问题教学是一个师生双边的和谐互动过程。在这一互动过程中，既有老师的问和教，又有学生的疑和学，师生双方的主观思维共同作用于教材，师生之间思想互相交流，产生碰撞，撞出火花。教师的问激发了学生的思维，学生的疑也启发了老师的认识。例如，有一次课堂上我高度赞扬了郑成功收复台湾，又充分肯定了清军攻入台湾灭郑氏政权。

对此，一个学生问我，赞扬郑成功的同时又肯定清军不是互相矛盾吗？经过学生这样一问，我意识到不能简单地光给学生以结论，更应该引导学生将这两件事情历史地、辩证地加以对比、分析：郑成功收复台湾之前，台湾是被荷兰殖民者侵占了，郑成功收复台湾是反侵略的行为，维护了国家的主权，因此，郑成功是一位民族英雄，理当受到高度赞扬。而郑成功建立的台湾郑氏政权是一个军事割据政权，它的存在阻碍了国家统一。清军入台灭郑氏政权就实现了国家的统一。学生的这一质问还启发我应引导学生去思考下列问题：为什么既赞扬文天祥抗元，又肯定元的统一？为什么肯定史可法抗清，却又否定三藩叛乱？……由上可见，学生的一石，激起了老师的千层浪，深受学生启发的老师又再去激活学生，这样，老师和学生之间形成一个良性循环的思维碰撞过程，撞出了一股股清流。

（摘自全经仁主编《历史问题教学研究——创新与学习》，广东海燕电子音像出版社2001年版）

> **活动卡 3**
>
> 结合上述材料,思考下列问题并在小组内交流:
>
> 1. 结合自己的教学经验,谈谈你读完材料 3 后的感受。
>
> 2. 对材料 4 中的案例和观点进行评价,谈谈你对高中历史教学中教师角色的看法。

[材料 5]

两种不同教学模式中的教师角色

教授模式	探究模式
教师提出、决定、控制、微观管理学习	学生在选题和进度上起主导作用
教师用以常模标准确定的成绩提供反馈	教师和学生对现实学习目标的形成性评价中构成搭档关系
教师作为教导者(知识的传播者)	教师作为教练、保护人、资源获取者、提示者、编辑、仲裁者、同事
教师视教学内容为客观的、无关个人的、无关价值的	教师将内容个人化(艺术化处理)、批判性地对待、强调其价值性

《普通高中历史课程标准》专题研修：高中历史教学方式的转变

（摘自《丰富教学模式——一本关于优质教育的指导书》，华东师范大学出版社 2000 年版）

活动卡 4

1. 请您比较上述两种教学模式中的教师角色的不同。

2. 请从高中历史教学的角度，谈一谈对上述两种不同教学模式中教师角色的看法。

学习要点

高中历史新课程实施以后，教学方式会发生很大的变化，在变化了的教学中，教师的角色会发生以下主要变化：

1. 由单纯的书本历史知识的传递者转变为学生学习的组织者、促进者。在高中历史新课程的教学中，教师不再仅仅是单纯传授书本知识的教书匠，而是通过组织学生历史学习、促进学生全面发展的教育者。

2. 由历史的"权威"转变为历史教学的参与者、学生学习的合作者。在以往的历史教学中,在传授"历史知识"过程中,教师所讲即是"真理",学生很难质疑。在高中历史新课程的教学中,教师应以平等的身份参与教学,是学生学习的合作者,通过师生双边和谐的互动,引领学生进入广阔的历史学习天地。

3. 由管制式的教学管理者转变为学生成长的引导者。长期以来,教师在教学中,对学生的管理通常是管制式的,师生关系紧张。在高中历史新课程的教学中,教师要真正关心学生的全面发展,引导学生健康成长。

《普通高中历史课程标准》专题研修：高中历史教学方式的转变

[阅读材料3]

不同类型的教师的特征及其学生的反应

教师类型	教师特征	学生的典型反应
强硬专制型教师	对学生时时严加监视；以严厉的纪律要求；很少给予表扬（认为这样会宠坏儿童）；认为没有老师监督，学生不可能自觉学习	屈服，但一开始就厌恶和讨厌这种教师；推卸责任；学生易怒，不愿合作，背后伤人；教师离开教室，学习状态就明显松弛
仁慈专制型教师	不认为自己是独断专行的人；表扬和关心学生；其专断来自于过分自信；以我为班级一切工作的标准	大部分学生喜欢，但看穿其行为的学生会恨他；各方面依赖教师，创造性差；屈从，缺乏个人发展能力；班级工作布置可能是多的，且质可能是好的
放任自流型教师	没信心，对学生放任自流；很难做出决定；没有明确目标；既不鼓励，也不反对；既不参加学生活动，也不提供帮助	品德差，学习差；有许多推卸责任、寻找替罪羊、容易激怒人的行为；没有合作；谁也不知道应该做什么
民主型教师	和集体共同制订计划和做出决定；在不损害集体的情况下，乐意给个别学生以帮助、指导和援助；尽可能鼓励集体的活动；给予客观的表扬与批评	学生喜欢工作，喜欢同别人尤其同教师一起工作；学生工作的质和量都很高，创造力发展迅速；学生相互鼓励，且独自承担某些责任；不论教师是否在课堂，学生都有着巨大的创新动机和热情

（摘自俞国良《创造力心理学》，浙江人民教育出版社1996年版）

[阅读材料4]

终身教育下的教师角色与职能

从终身教育的立场和当前人类知识的现状来看，

把教师称为"师长"（Masters）（不管我们给这个名词一个什么意义），这是越来越滥用名词。教师现在已经越来越少地传递知识，而越来越多地激励思考；他将越来越成为一位顾问，一位交换意见的参加者，一位帮助发现矛盾论点而不是拿出现成真理的人。他必须用更多的时间和精力去从事那些有效果的和有创造性的活动：相互影响、讨论、激励、了解、鼓舞。

（摘自联合国教科文组织教育丛书《学会生存——教育世界的今天和明天》教育科学出版社1996年版）

[阅读材料5]

未来学校中的师生关系

在未来几十年中，发达国家的师生关系将会发生巨大变化。由于学生积极参与自学过程，由于每个学生的创造性都受到重视，指令性和专断的师生关系将难以维持。教师的权威将不再建立于学生的被动与无知的基础上，而是建立在教师借助学生的积极参与以促进其充分发展的能力之上。这样，教师的作用就不会混同于一部百科全书或一个供学生利用的资料库。一个有创造性的教师应能帮助学生在自学的道路上迅速前进，教会学生怎样对付大量的信息，他更多地是一名向导和顾问，而不是机械传递知识的简单工具。

（摘自联合国教科文组织教育丛书《从现在到2000年教育内容发展的全球展望》，教育科学出版社1996年版）

研修建议

活动2：教师在教学中应充任哪些角色？

活动目标：通过交流具体认识新课程教学过程中历史教师角色的变化。

活动时间：60分钟。

活动材料：活动卡3、4；阅读材料3、4、5。

活动步骤：

（1）研修者通过阅读领会本专题提供的材料。

（2）请研修者回答活动卡5-3和活动卡5-4的问题，并进行交流。

（3）分组研讨新课程教学中历史教师应充任的角色。

（4）主持人组织各小组相互交流。

（5）主持人作简要小结。

三、学生在高中历史学习中,有哪些基本的学习方式

在高中历史新课程的教学中,不仅教师的角色要变化,学生的角色也要改变,要由学习的被动接受者,转变为自主的学习者。角色变了,学习方式也要随之更新,以往的那些单纯的被动的学习方式要让位于各种形式的主动学习方式。在高中历史新课程的教学中,真正实现学生学习方式的转变,是落实高中新课程理念和目标,实现教学改革的重要环节之一。

[材料6]

反思高中历史学习

在历史学习上,一直以来我用的应该是一种笨办法,也就是醉心于记笔记、抄书!可能刚开始,大家都记笔记!刚升到高中,同学们还有些热情、新鲜感。但慢慢地,班里面好像就剩下我一个人这样做了。这之中,有很多原因。但有一点是我一直能感觉到的:那就是,历史的课程很紧!

在记历史笔记的时候,开始的时候我还稍微能跟上

(老师的)节奏。但到后来，想在课上就能把笔记完成50%已经都不现实了！于是我不得不找来历史教参，以便能够使笔记尽可能完善！其实教参还起了另外一个很大的作用，由于上面有很多老师上课没有时间讲的东西，所以无形中，我的历史知识和兴趣都在慢慢增长当中。其实高中历史课，老师都应该是照本宣科的！画重点不失为一种解决之道，毕竟历史课时少得可怜！6个班1名老师，还能如何呢？现在回想，老师当时可能也是疲于应付！但老师当时所强调的一些观点，至今我仍受其益！如言事情必当先言其背景，再追及事情过程本身，后为结果意义等。

活动卡5

1. 作为高中历史教师，在教学实践中，你的学生是否有与上述同学同样的感受？对此你的看法是什么？

2. 你对当前高中学生的历史学习方式满意吗？说说你的看法。

3. 你认为在新课程实施过程中，高中学生历史学习的方式需要转变吗？理由是什么？

[材料7]

两种不同教学模式中的学生角色

教授模式	探究模式
学生上课听讲，消化知识	学生作为探究者和知识创造者
学生积累储存知识以备将来之用	学生接触、建构知识用于当前情景
学生承担一些共同的任务和活动	学生的任务、活动基于不同的分工
学生使用知识，学习有关某些问题的解说	学生使用知识，发现、钻研、解决问题
学生被动地接受知识，视其为客观、事实、正确	学生有个性地解释、批判、解剖知识

（摘自兰祖利《丰富教学模式——一本关于优质教育的指导书》，华东师范大学出版社2000年版）

活动卡6

1. 请比较上述两种教学模式中的学生角色的不同。

2. 请你结合高中历史教学，谈一谈对上述两种不同教学模式中学生角色的看法。

3. 选择某一教学内容，设计出体现上述探究模式中教师角色和学生角色特征的教学方案。

《普通高中历史课程标准》专题研修：高中历史教学方式的转变

学习要点

探究（发现）式学习方式不等同于具体的学习方法，而是一种学习过程的范式。探究（发现）式学习方式的种类有很多，主要包括自主学习、合作学习、探究性学习等。

自主学习，是指学习者个体自觉参与确定学习目标、制订学习计划、选择学习方式、监控学习过程、评价学习结果的过程，它强调学生个体在学习中的主动性。

合作学习，是指在学习过程中，充分调动学习中各种动态因素，实现学生之间、师生之间的互动合作，从而构成一个全方位的学习运行体系。

探究学习，是指通过让学生自觉参与学习过程的各个环节，充分发挥其探寻未知事物的主动性，激发学生发现问题、解决问题的欲望，从而真正实现学生的发展。

[阅读材料6]

"元学习"过程

"学会学习"这一要求,是教育发展到一定阶段的必然产物。在这个概念里,"学会"中已经包含了一个"学习",后一个"学习"即是我们通常意义上的一般学习概念,而"学会"中所包含的"学习"即为"元学习"。

从行为学意义上解释,元学习是指学习行为本身的改变;从信息学意义上解释,元学习是指关于"获取知识经验"的学习,是学习"获取";从一般心理学意义上解释,元学习具有极其丰富的内容。

元学习不仅意味着一般的学习获取、学习记忆、学习理解,还包括学习思维、学习直觉和学习逻辑方法等学习过程。记忆、理解、思索都是学习,元学习则是关于记忆、理解、思维本身的学习。

元学习还包括对学习兴趣的培养、对学习意志品质的改善,学习过程中非认知心理品质的改善,注意力的训练、意志力的训练都属于这个范围。概括地说,即改善学习品质,不仅更会学习,而且更爱学习,更关心学习本身。

(摘自张楚廷《教学论纲》高等教育出版社1999年版)

[阅读材料7]

布鲁纳的"发现法"

布鲁纳认为,"学习就是依靠发现",发现学习并无高深莫测之意。他说,"发现不限于寻求人类尚未知晓的事物,确切地说,它包括用自己的头脑亲自获得知识的一切形式",应当让"学生亲自把事物整理就绪,使自己成为发现者",使他们"像一名数学家那样思考数学,像一名史学家那样思考史学"。

布鲁纳认为,采用发现学习进行教学有四个优点:

1. 可以发掘儿童智慧的潜力;

2. 可以调节学生的学习动机,使外在动机向内在动机转化;

3. 有助于把知识保存在记忆之中,使知识的积累、贮存、联系、组织更有条理,便于"检索"应用;

4. 可以学会发现的试探法。

(摘编自阎金铎、潘仲茗主编《现代教学方法百科全书》,河北教育出版社1992年版)

研修建议

活动3：学生在高中历史学习中,都有哪些基本的学习方式?

活动目标：通过教学设计与交流加深对学生学习方式的了解和认识。

活动时间：60分钟。

活动材料：活动卡5、6;阅读材料6、7。

活动步骤：

(1)研修者通过阅读领会本专题提供的材料。

(2)请研修者回答活动卡5、6的问题。

(3)研修者根据学生学习方式的要求,具体设计出一个有利于学生学习方式转变的教学方案片段。

(4)主持人组织各组之间分析、交流教学设计。

(5)主持人进行简要小结。

四、高中新课程教学中,历史课堂学习会有哪些新变化

高中新课程实施后,历史课堂学习会发生多方面的变化。这不仅对教师来说是新的课题,对学生也是

一个新鲜的事物，师生双方都会经历一个从不适应到适应的过程。在这个过程中，需要师生共同合作，积极探讨应对课堂学习新变化的策略。通过研修了解新课程课堂学习的变化，有助于教师面对即将开始的高中历史新课程的实验，提前做好应对的准备工作。

[材料8]

某教师认为比较好的高中历史课堂教学结构模式应该是这样的:(1)回忆引导,进入新课(5分钟左右)。此阶段主要任务是通过提问等形式回忆上节课内容导入新课,介绍本节课地位、知识框架、重点难点和自学方法。(2)指导学生看书自学(10分钟左右)。指导学生根据自学提纲和思考题看书阅读,思考题和难点可以讨论解决。学生可以活跃一点,放开一点。(3)老师串讲精讲(20分钟左右)。教师根据需要串讲精讲,解决疑难问题。要求把重难点讲准、讲深、讲活、讲会,可以采取启发诱导等各种办法。(4)学生随堂练习(10分钟左右)当堂掌握本节课基本内容。

（摘自K12中国中小学教育教学网）

> *活动卡 7*
>
> 1. 你认为上述课堂教学结构是教与学的方式变革后高中历史课堂理想的教学结构吗?
>
> 2. 你能就高中新课程教学中,历史课堂学习会有哪些新变化谈谈看法吗?
>
> 3. 就新高中历史课程的教学中可能出现的问题与同组成员交换意见。

学习要点

高中历史新课程从课程目标、课程设置到课程内容都发生了很大变化。因此,历史课堂学习也会随之变化,显现出与以往的历史课堂学习的不同。这些不同包括:

(1) 由于新课程的实施,在高中的历史课堂教学中,学生被动学习的局面将会改变,学生自主学习将成为高中历史课堂的主导。在这样的学习局面下，学生在充分掌握材料的基础上，可以充分地自主展开历史思维。

（2）由于新课程内容发生了较大的变化，高中历史课堂学习的知识面拓宽了，学生在历史学习中的选择增多了，多层次、多角度、开放性的学习，使高中历史课堂更具活力。

（3）与以往历史课堂浓重的封闭性相比，新课程的高中历史课堂会适度增强开放性，这样，在相对开放的课堂上，有利于多样化的学习方式的运用，学生的学习会更灵活。

[阅读材料8]
新课程引发教学观念的变革

在新课程的教学中，传统的"我讲你听"的教学模式发生了变化，出现了师生互教互学的感人场面，学生在师生互动、平等参与的课堂气氛中，积极思考、自由交流、主动探究、大胆质疑。课堂不仅仅是教师的讲台，更是学生学习的场所。

学习了新课程的理念，教师们认识到了，不是书上所有的内容都要由教师在课堂上讲授，也不是只有教师讲过的内容才算学过。他们尝试着放手，凡是学生能说的，凡是学生能做的，能自己学会的，教师都给学生充分的时间、空间，不再包办代替。通过合作学习不能完成的，教师及时给予点拨，教师真正成为学生学习的组织者、引导者、合作者。放开，说起来很轻松，做起来并不轻松。因为放开不仅是一种形式，更是一种观念。

（摘自李建平《聚焦新课程》，首都师范大学出版社2002年版）

[阅读材料9]

关于历史学习的一点看法

可以把历史当成英语单词来背，是很多同学甚至是成人的观点。这是把历史知识单纯当成应考的对象来对待，以为背下了年代、事件、人物、背景、意义等就可以得高分啦！好像历史就是死的知识，人们去背、去记就行了。我劝大家不要这样认为。历史是一门社会科学，它涉及人类社会的方方面面，它能使人们知道过去，认识现在，预测（但不是像算命先生般）

未来。仅从这一点即可知道学习"历史"不是我们靠背就能完成的。认为学习历史仅仅靠记忆是永远无法认知历史的真谛，也绝对无法引起你对历史的兴趣，最终你还是无法跳出学习历史的误区。

我想就今年美国打伊拉克提几个问题供有兴趣的同学思考：1.你知道美国为什么要打伊拉克吗？2.美国为什么不通过联合国决定就打伊拉克？3.假如美国打伊拉克前联合国安理会要投票，中国将投什么票？为什么？4.这些问题中很多涉及联合国，那么联合国从建立以来至今都发生过什么变化？今后可能发生什么变化？5.中国在联合国中将能起什么作用？怎样才能发挥更大的作用？

我相信多数同学都会认为，上述五道题在我们的历史教科书中绝大部分都无法找到现成的答案，就是说靠背是无法解决这些问题的。但是我要提醒同学们，认真学习了历史就能基本上回答上述问题。

（摘自K12中国中小学教育教学网）

研修建议

活动4：高中新课程教学中，历史课堂学习会有哪些新变化？

活动目标：通过思考与交流加深对高中新课程历史课堂学习变化的了解和认识。

活动时间：60分钟。

活动材料：活动卡7；阅读材料8、9。

活动步骤：

（1）研修者通过阅读领会本专题提供的材料。

（2）请研修者回答活动卡7的问题，并在小组内交流。

（3）主持人组织各组之间分析、交流。

（4）主持人对本问题进行简要小结。

（5）主持人对本专题内容的研修进行概括、总结。

提示：本专题问题研修结束后，主持人应与大家一起，对本专题研修的过程和收获，适当进行梳理、概括和总结，并进一步提出一些带有共性的问题，以供大家在以后的教学实践中，进一步探讨。

（原载《历史课程标准研修》高等教育出版社2004年版）